星出版

新觀點
新思維
新眼界

Star 星出版

餐巾紙財務課
Napkin Finance

Build Your Wealth
in 30 Seconds or Less

作者 蒂娜・海伊 TINA HAY   譯者 陳儀

謹獻給梅爾薩德與約翰・海伊

For Mehrzad and John Hay

謝謝你選購這本書！從你拿起這本書的那一刻起，你便是選擇為個人財務創造正面的影響。希望你覺得這本書豐富、實用、有趣，也邀請你造訪 napkinfinance.com，持續精進財經知識。

目錄

理財入門

基本觀念

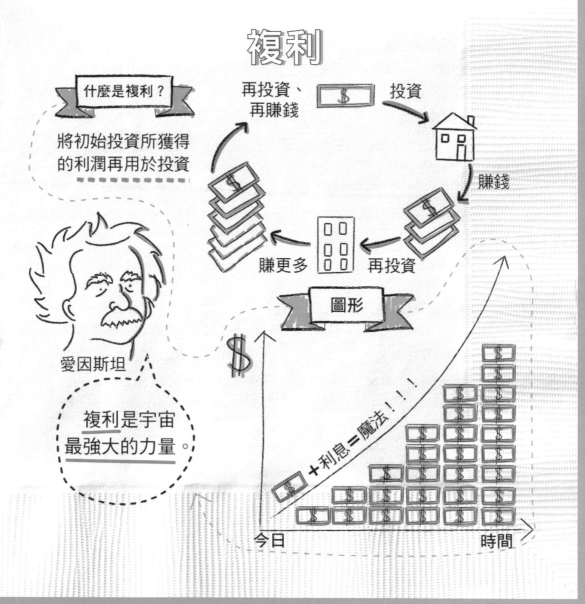

複利

或許你對「利息收入」的基本概念並不陌生：當你存1,000元到銀行，銀行就會給你一點點報酬，像是每年2%之類的；一年過後，你便賺了20元。

如果繼續把這筆錢存在你的帳戶，第二年的報酬將是1,020元的2%，不只是原始存入金額1,000元的2%而已。所以，第二年的報酬將不只是20元，而是20元又40分錢（先別嫌少）。「複利」（compound interest）就是以這樣愈來愈多的結算金額賺錢——換言之，用利息賺利息。

「複利」的魔法，是指你的錢將會「指數增長」（grow exponentially）。第二年多賺的40分錢，聽起來可能沒什麼了不起，但是長期下來，若你的存款金額夠大，複利創造的結果將會非常可觀。

1萬元 vs. 1分錢

如果讓你選擇：1.）每天領1萬元，連續領一個月；或2.）第一天領1分錢，接下來每天領的錢都是前一天的一倍，連續領一個月，你會選哪一個？（提示：這是一道陷阱題！）

拜複利之賜，選項2.）「第一天領1分錢，接下來每天領的錢都是前一天的一倍，連續領一個月」，最終將讓你獲得10,737,418元（你可能會很需要數幣機和包裝機）；相較之下，如果你選擇選項1.）「每天領1萬元，連續領

第一天	第一週	第二週	第三週	第四週

310,000元

第一天	第一週	第二週	第三週	第四週

$10,737,418元

一個月」，最後只能獲得 310,000 元。

促進你的資金增長

複利絕對能夠加速資金的增長率 —— 除非你把錢領出來，而不是繼續把錢擺著生息增長。有三項要件能夠加速複利效果的顯現：

> 較高的利率。
> 過程中繼續增加本金。
> 更多時間 —— 好讓你的錢有時間慢慢滾出更多錢。

有趣的事實

> 據說，複利是在大約西元前兩千年的古巴比倫時代發明的，若果真如此，複利的出現只比輪子稍微晚一點。
> 你投資的錢要幾年才會增加一倍？用 72 除以你的利率，就能得到約略的答案（這稱為「72 法則」，請參閱第 12 章。）

重點摘要

> 複利是指用利息來賺利息 —— 或是就積欠的利息再支付利息。
> 投資人喜歡把「複利的魔法」掛在嘴邊，因為複利能讓資金的增長幅度變得令人難以置信。
> 若希望增加金錢的複合增長動能，可以嘗試投資更多資金，讓資金有更長的時間可以慢慢增長，同時盡可能找出最佳報酬率的投資標的。

我曾要求我爸媽用複利來計算我的零用錢，但他們反過來要求我滾出家門，
因為那時我已經三十好幾了。—— Napkin Finance ☺

儲蓄

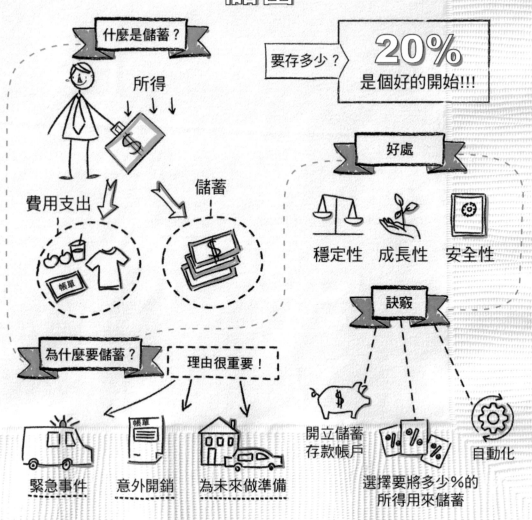

什麼是儲蓄？

所得

費用支出　　儲蓄

帳單

要存多少？　**20%** 是個好的開始!!!

好處

穩定性　成長性　安全性

為什麼要儲蓄？　理由很重要！

緊急事件　意外開銷　為未來做準備

訣竅

開立儲蓄存款帳戶

選擇要將多少%的所得用來儲蓄

自動化

儲蓄

儲蓄是擱在一旁不會花用的資金。

　　人的一生可能充滿意外之喜或飛來橫禍，累積儲蓄是確保你每次遭遇緊急事件、發生意外開銷、需要醫療費用與實現未來目標時，隨時有現金可用的最好方法之一。最重要的是，儲蓄是累積一生財務安全的關鍵。

儲蓄存款帳戶的好處

存錢是所有人最應該培養的好習慣之一。把辛苦賺來的錢，存到一個專用的儲蓄存款帳戶，還能夠享受到某些好處，包括：

> 穩定性——儲蓄存款帳戶裡的金額不可能突然暴增，但也不可能虧本，這種帳戶的目的是為了保你周全。

> 成長性——隨著利息收入進帳，存在儲蓄存款帳戶的錢也是會增值。

> 安全性——美國政府透過聯邦存款保險公司(Federal Deposit Insurance Corporation, FDIC)，為你存在多數銀行的存款餘額，提供最高25萬美元的保障。[*]

儲蓄訣竅

> 開立一個儲蓄存款帳戶。

> 專用的儲蓄存款帳戶，能幫你區隔「儲蓄的錢」和「要花用的錢」，這樣你就不會忍不住把應該存下來的錢花掉。選擇一個不收手續費或低手續費，[**]且支

---

[*] 台灣的銀行存款保險是由中央存款保險股份有限公司提供，最高保額是每一存款人在同一家要保機構約當新台幣300萬元之本金和利息。

[**] 國外銀行業者經常對存款餘額未達最低金額的帳戶收取手續費。

付高利率的存款帳戶。切記，一定要隨時遵守最低存款餘額規定，同時依循相關的提領限制。

> 選擇儲蓄的百分比。

　> 根據你的預算，決定你打算將每月薪資的多少百分比提撥到儲蓄用途 ——即使是1%也行，至少是一個開始。根據專家建議，最好是將20%的所得用於儲蓄。

> 自動化。

　> 設定固定自動轉帳功能，將資金從支票存款帳戶或薪資轉帳帳戶撥付到儲蓄存款帳戶。將這項功能設定成：在薪資轉入的同一時間，將其中一部分自動轉入儲蓄存款帳戶，這樣你就不會有機會動用到這筆錢。

有趣的事實

> 「零售紓壓療法」（aka 購物紓壓）並非純屬想像，大約有一半的美國人表示，會因為情緒的影響而超支。請嘗試不要利用你的往來銀行帳戶來排解壓力。

> 相較於刷卡，付現能夠幫你少花點錢。很顯然，刷卡消費不痛不癢，而在付款時數鈔票的動作，則會讓你較明顯感覺到花錢的痛楚。

> 多數美國人的積蓄不到1,000美元 ——天啊！

重點摘要

> 為了未來而存錢，是建立財務安全的不二法門。

> 把錢存在儲蓄存款帳戶可以賺利息、保障這些錢的安全，也有助於防止你亂花錢。

> 設定自動轉帳功能，把指定百分比的薪資存到儲蓄存款帳戶，你的財務就會逐漸步入正軌。

不花錢就能省錢。——Napkin Finance ☺

預算

支出＆儲蓄管理

什麼是
預算？

每月計畫

日曆

儲蓄　　支出

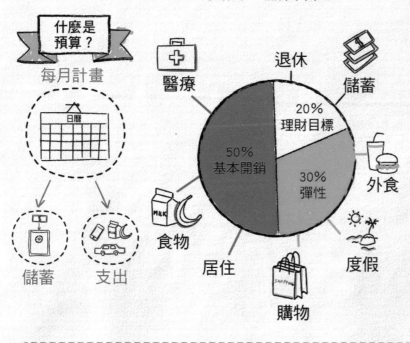

醫療　　退休

儲蓄

20%
理財目標

50%
基本開銷

30%
彈性

食物

居住

外食

度假

購物

為什麼要
擬定預算？

✓ 看看你把錢
　花在什麼地方
✓ 限制支出
✓ 存更多錢
✓ 為更遠大的
　目標儲備資金

看看你
能省下
什麼錢？

3美元／天
＝
1,095美元／年！

拿鐵

OR

2美元／天
＝
730美元／年！

瓶裝水

VS.

基本上
免費

自來水

預算

預算是指可更善加管理個人支出與儲蓄的計畫。當你切實依據預算行事，就等於是對你的金錢流向設限。一旦你切實依循預算行事，你的財務命運便可能大幅改善，因為預算有助於確保你的開銷不致超過收入。

擬定預算的好處包括：

> 搞清楚你究竟把錢花到哪裡去（Hello! 外帶美食）。
> 確保你有錢可以應付必要開銷，同時限制你可以花多少錢到你「單純想要」的事物上。
> 存下更多的錢。
> 釋出更多錢來還債，或是為其他遠大的目標儲備資金。

> 「對小開銷更要戒慎恐懼；小漏洞足以沉大船。」
>
> ——班傑明・富蘭克林
> Benjamin Franklin，
> 美國開國元勛

如何擬定預算？

第1步：釐清你每個月的稅後所得。

第2步：記錄一、兩個月的支出，看看你一個月通常花多少錢、花在什麼事物上。諸如電腦工作表或應用程式（app）等工具是很好的幫手。

第3步：決定你的預算要採用什麼分類，為每個類別設定一個單月上限，例如每個月上館子的開銷最多200美元。

第4步：堅守你設定的上限。在這個步驟，應用程式和軟體應該也能夠幫上忙，例如：在開銷達到每個月的上限時，自動發出警示。

第5步：一旦你養成留意開銷的習慣，可以試著找出更多能夠節流的環節。

50-20-30 預算

擬定預算時，重大決策之一是決定要將多少金額分配到每個類別的支出。

50-20-30 預算，是值得考慮的首要原則之一。若採用這個方法，你等於是將所得分成：

> 50%用於必要開銷，包括：租金、公用事業帳單、雜項支出與醫療保健支出。
> 20%用於財務目標，例如：償還債務、存頭期款，或是準備退休金。
> 30%用於彈性支出，包括：娛樂、度假、外食與非必要購物。

有趣的事實

> 預算的英文「budget」一字，源自法語的「bougette」，意思是「皮革提袋」。
> 美國家庭平均一年花710美元在寵物上，花558美元在酒精飲品，只花110美元在閱讀素材上。＃留意優先順序！

重點摘要

> 預算是一種可供你決定要花多少錢在什麼事物上的計畫。
> 預算可成為確保你不會入不敷出的強大工具。
> 你可以特別規劃適合自己的預算，或是直接採用50-20-30預算。
> 應用程式能夠幫你追蹤支出，堅守你設定的上限。

如果每個人都能像在網飛（Netflix）上追劇那麼認真規劃預算就好了。

——Napkin Finance ☺

債務

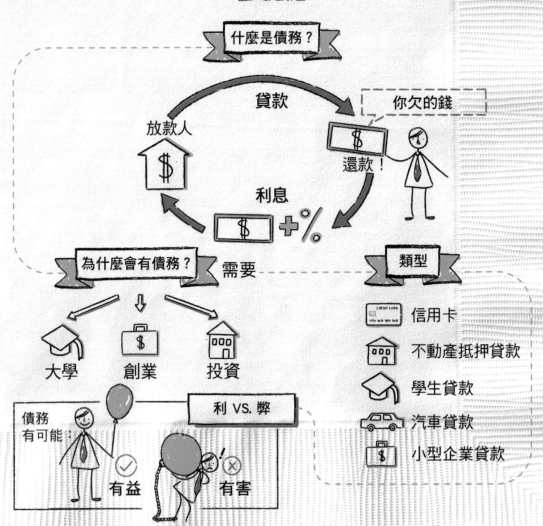

什麼是債務？

貸款

放款人

你欠的錢

還款！

利息

$+%

為什麼會有債務？　需要

大學　創業　投資

類型

信用卡

不動產抵押貸款

學生貸款

汽車貸款

小型企業貸款

利 VS. 弊

債務
有可能：

有益　有害

債務

債務就是你欠別人的錢。

你在借錢時，通常會答應在特定時間過後償還這筆錢，我們稱這段期間為「貸款期間」。除了償還借貸的原始金額，你通常還得支付利息。

在人生的不同階段，你可能會使用到幾種不同類型的債務，其中最常見的包括：

> 信用卡 —— 刷卡付費就是一種舉債（借錢）的行為，當你繳納信用卡帳單，就等於是在還債。

> 不動產抵押貸款 —— 不動產抵押貸款是購買不動產時使用的一種貸款，典型的不動產抵押貸款還款期間是15至30年。

> 學生貸款 —— 你可以申請學貸來支付大學或研究所的學費。

> 汽車貸款 —— 汽車貸款讓你有能力買車。

> 小型企業貸款 —— 企業也會借錢；小型企業貸款可能有助於新企業開展業務。

益債、害債

一項債務被視為「益債」或「害債」的關鍵通常取決於利率，以及你是否基於聰明投資的目的而舉借這項債務。

> 「如果你認為沒人關心你的死活，試著缺繳幾期汽車貸款看看。」
>
> ——厄爾・威爾森 Earl Wilson，專欄作家

	不動產抵押貸款	聯邦學生貸款	信用卡債務
「益」或「害」	益	益	害
利率	低	低	高
是否屬於聰明投資？	是 你的房產最終增值的機率很高。擁有自己的房產，也能讓你得到更多財務安全感。	是 大學教育能提高你一生的薪資所得能力。	否 享用一頓豪華五星級飯店早午餐確實很棒，但這一餐並不會發放股利給你。

有趣的事實

> 美國家庭的總債務達到13兆美元以上，其中包括9兆美元的不動產抵押貸款，超過1.5兆美元的學生貸款，以及1.2兆美元的汽車貸款。

> 背負信用卡債務的美國家庭，因為只支付最低應繳金額，平均要花12年才能還清這些信用卡帳款。

重點摘要

> 債務是借來的錢，有朝一日必須償還，而且通常要連本帶息償還。

> 到了人生的某個階段，你很可能會舉借某種債務，像是學生貸款、信用卡債務，或是不動產抵押貸款。

> 一項債務被視為「益債」或「害債」，關鍵通常取決於它的利率低或高，以及你是否利用這筆借來的錢從事優質投資。

並非所有債務都是惡的，有些債務被誤解了。——Napkin Finance ☺

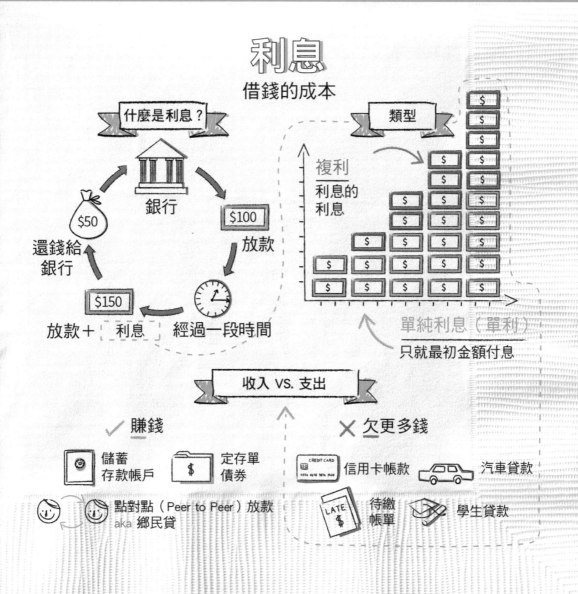

利息
借錢的成本

什麼是利息？

銀行

$100 放款

經過一段時間

$150 放款 + 利息

還錢給銀行 $50

類型

複利
利息的利息

單純利息（單利）
只就最初金額付息

$

收入 VS. 支出

✓ 賺錢

儲蓄存款帳戶

定存單債券 $

點對點（Peer to Peer）放款 aka 鄉民貸

✗ 欠更多錢

信用卡帳款 CREDIT CARD

汽車貸款

待繳帳單 LATE $

學生貸款

利息

對貸款人來說，利息是指舉借貸款而支付的成本；對放款人來說，利息是因貸放資金而賺得的利潤。

利息以某個比率表達，像是5%。將貸款金額乘以這項比率，再乘上償還這筆貸款所花費的時間，就能算出貸款人支付多少利息。舉個例子，如果你以5%的利率借了1,000元，為期一年，那麼你一年後將償還1,050元（1,000x1.05x1）。

利息收入＆利息支出

在人生的不同階段，你可能會有利息收入，也可能會有利息支出。

如果你是貸放資金或投資資金的一方，利率愈高愈好，因為這代表你的收入愈多。如果你是借錢的一方，利率愈低愈好，因為這代表你的支出愈少。

下列情形將有利息收入：	下列情形將有利息支出：
把錢存在孳息性銀行帳戶。	信用卡帳款沒有還清。
持有定存單、債券或其他孳息性投資標的。	借錢購買房產、上大學或買車。
在網路上承做點對點放款，或是放款給朋友並收取利息。	有未清償帳款且開始計息。

兩種類型的利息

「單利」（simple interest）是只就最初舉借的金額計息；「複利」（compound interest）則是就舉借的本金與所有應計利息來計息。

當你在比較銀行帳戶存款條件或比較不同銀行的貸款條件時，可能會發現銀行是以「年度百分率」（annual percentage rate, APR）或「年度百分比收益率」（annual percentage yield, APY）等兩種形式來表示利率。前者只表達單利，後者反映的是複利計算後的利息。

結論：利率有可能複雜到令人訝異，所以在比較利率時，不管是尋找較低的貸款利率，或是為你的資金尋求較高利率的收入，務必記得要比較的是同類型的利率。

有趣的事實

> 雖然罕見，但利率也可能是負的——銀行付錢給貸款人，或是銀行對你的存款收費。

> 伊斯蘭法律禁止支付或收取利息，因此如果你在一家必須遵守伊斯蘭法律的銀行開立儲蓄存款帳戶，對方可能告知你將透過存款獲得多少「目標利潤」（target profit），不會提及任何有關「存款利息」的字眼。

重點摘要

> 利息是借錢的成本。

> 如果你是貸款人，利息對你不利；如果你是放款人，利息對你有利。

> 在比較利率時，務必比較相同類型的利率。

如果你根本不打算還款，或許你會想要借一筆無息貸款。

You probably want a no-interest loan if you have no interest in paying it back.

——Napkin Finance ☺

銀行

什麼是銀行？

資金管理中心

業務內容

收受存款　承做放款

現金支票

為什麼需要銀行？

ATM
易取用

CREDIT CARD
1234 5678 9876 5432
信用

ONLINE BANKING
線上管理

安全性

受存款保險公司保障
即使你的往來銀行
出問題，你的錢還
是會安然無恙

銀行如何賺錢？

銀行的賺錢方式 $

％ 利息收入 ＝ 貸款的成本

銀行

銀行是收受存款、現金支票與承做放款的機構；實質上來說，是保障資金安全與進行交易的管理中心。

銀行業務的好處

你能利用銀行帳戶或其他銀行服務獲得下列好處：

> 安全性 —— 你在往來銀行的存款，通常可獲得最高 25 萬美元的保險。*
> 便於存取 —— 便於存款與提款。
> 線上管理 —— 能以往來銀行的網站或應用程式管理你的帳戶。
> 轉帳簡便 —— 將你的帳戶連結到某個付款應用程式後，就能輕易還錢給你的友人或支付音樂會門票等費用。
> 取得貸款 —— 能向你的往來銀行申請信用卡或不動產抵押貸款等。

安全與保障

存放在銀行的存款很安全，因為政府透過存款保險公司，為每個人在每家機構的銀行存款帳戶提供保障。所以，即使你的往來銀行關門大吉（這種狀況極不可能發生），導致你的存款人間蒸發，你最後還是能收回最多 25 萬美元。

> 「銀行就是當你能證明你不需要錢時，就會很樂意放款給你的地方。」
>
> ——鮑伯·霍普 Bob Hope，
> 奧斯卡終身成就獎得主

---

* 台灣最高保額為 300 萬元。

銀行靠什麼賺錢？

銀行放款給民眾和企業，針對那些放款收取利息。當你因銀行帳戶發生手續費之類的支出，銀行也會賺錢，所以你必須了解帳戶的規定，以便規避那些手續費。由於銀行能夠取得利息收入，所以通常有能力支付小額利息給存在儲蓄存款帳戶的資金。

有趣的事實

> 在義大利的埃米利亞諾信貸銀行（Credito Emiliano），民眾可以用帕馬森起司當擔保品，申請貸款。

> 到銀行搶區區1美元能獲得的好處是：你將因此坐牢，並得以享受醫療服務。2011年與2013年分別有一名北加州人和奧瑞岡州人試圖到銀行搶1美元，他們所持的理由便是如此。

重點摘要

> 持有銀行帳戶後，你就能夠更輕鬆管理資金。

> 絕大多數銀行的存款都受到存款保險公司的保障，所以即使你的往來銀行倒閉——安息吧，雷曼兄弟（Lehman Brothers），你的錢還是很安全。

> 銀行藉由放款取息的方式賺錢。

如果你想享受一邊泡澡、一邊轉帳的樂趣，網路銀行是非常好的工具。

——Napkin Finance ☺

緊急備用金

什麼是緊急備用金？

貯存
「不時之需」
的備用資金

為什麼要存緊急備用金？

可以幫你度過

失業

發生意外

汽車需要緊急維修等狀況

首要原則 → 存 <u>3</u> 至 <u>6</u> 個月的生活費

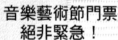

訣竅

設定自動
轉帳儲蓄

把順位排在其他
用途的資金之前

存在儲蓄
存款帳戶

音樂藝術節門票
絕非緊急！

緊急備用金

緊急備用金是為了應付「不時之需」而貯存的金錢。

為什麼緊急備用金很重要？

緊急備用金是遭遇下列情況可依賴的財源：

> 失業；

> 車子拋錨；

> 發生意外。

有了緊急備用金，你就能夠順利度過各種意外的人生打擊，更容易從挫折中復原。若沒有緊急備用金，你很可能因為那些打擊而陷入財務災難。

如何累積緊急備用金？

專家通常建議保留三至六個月的生活費用當作緊急備用金（這筆錢可能低於你的三至六個月的所得）。然而，你可以根據下列特定因素，上修或下修這個數字。

可以少存一點，如果你：	應該多存一點，如果你：
保險能夠提供很優渥的保障。	保險只能提供陽春的保障。
失業能夠馬上搬回老爸老媽家。	寧死也不想搬去和家人住，也不願意到朋友家的沙發上借住。
打算單身一輩子。	必須撫養小孩或其他人。
擁有非常多資產。	財務狀況早已搖搖欲墜。

貯存訣竅

儲備緊急備用金的最佳做法：

> 一切以緊急備用金為先。很多專家建議在安排其他目標，例如退休積蓄的開銷前，先累積緊急備用金。

> 將緊急備用金存在儲蓄存款帳戶，這是安全且容易存取的管道，還能夠賺一點利息。

> 安排由你的支票存款帳戶，自動轉帳到緊急備用金的帳戶，直到累積足夠基金為止。

何時動用？

搶購最後一張音樂藝術節的門票，看起來似乎是一種緊急需要，但很抱歉，並不是。除非碰上真正緊急的開銷，否則千萬別動用你的緊急備用金。

另外，不該將緊急備用金用在可預測的費用。就算你知道自己的車子即將「罷工」，也應該另外設置一筆新車基金；如此一來，一旦需要換車的那一天真的來臨，你也不會動用到緊急備用金。

有趣的事實

> 在美國，大約有五分之二的成年人，沒有能力應付400美元以上的意外開銷。

> 很多人會隨意挪用緊急備用金，最常見的理由是房屋修繕，其次是汽車維修。

重點摘要

> 顧名思義，緊急備用金就是專為緊急費用而儲蓄的基金。

> 試著存三至六個月生活費用到緊急備用金。

> 緊急備用金應該保存在容易存取的管道，像是儲蓄存款帳戶（請見前文關於「儲蓄」的段落）。

意外失業時，緊急備用金將更顯彌足珍貴。它就像意外懷孕時隨身攜帶的嘔吐袋和酸黃瓜一樣重要。——Napkin Finance ☺

保險

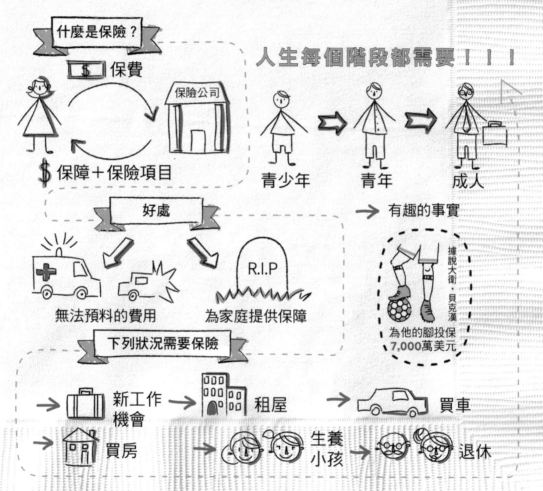

什麼是保險？

$ 保費

保險公司

$ 保障＋保險項目

人生每個階段都需要！！！

青少年　　青年　　成人

好處

→ 有趣的事實

R.I.P

無法預料的費用　　為家庭提供保障

據說大衛・貝克漢
為他的腳投保
7,000萬美元

下列狀況需要保險

→ 新工作機會 → 租屋 → 買車

→ 買房 → 生養小孩 → 退休

保險

保險是財務上的保障。保險加上緊急備用金，共同為你打造了一張安全網。有了保險，任何潛在災難，舉凡意外事故、疾病、住宅火災或家人過世等，都不會輕易摧毀你的財務安全。

你買了一張保單，等於你同意定期向保險公司支付特定金額的錢，這筆錢稱為「保費」（premium）。收了保費的保險公司，則同步承諾將在你需要申請理賠時，付錢給你，彌補你的損失。

在人生的每個階段

保險通常需要隨著重大的人生事件與里程碑進行調整，下列將說明人生不同時間點可能需要的保險類型。

> 較低風險等於較低保費 —— 如果你不抽菸，你因抽菸相關疾病死亡的機率較低，這樣通常能爭取到較低保費的人壽保險。

> 搞懂你的自付額（deductible）—— 就是在保險公司支付任何款項前，你經常必須先掏腰包支付的金額。

> 如果你申請太多理賠，保費可能上漲 —— 也因如此，一般人開車遇到小擦撞時，通常不會通知汽車保險公司。

> 詳讀保險契約 —— 保險很複雜，不同保單的差異可能非常大，所以一定要詳讀保險契約，釐清你受到哪些保障。

里程碑	保險需求
找到第一份工作	歡迎展開醫療保險世界的巡航。
承租第一間公寓	別忘了承租人保險。

買車	在美國多數州，沒有汽車保險，不能合法開車上路。
買房	承租人保險再見……迎接產權保險、不動產抵押貸款與財產保險（還不包括水災保險）。
有了小孩	恭喜！歡喜之餘，你的醫療保險也必須加碼。另外，你自己最好也保一點壽險。

有趣的事實

> 據說，大衛・貝克漢（David Beckham）在足球生涯顛峰時期，為雙腿投保了7,000萬美元。

> 據報導，金獎影后雪莉・麥克琳（Shirley MacLaine）為了怕被外星人綁架，買了一張價值2,500萬美元的保單。

重點摘要

> 當你購買保單，你等於同意定期支付一小筆金額給保險公司，保險公司則是同意在某種可怕情況發生時，支付你一大筆錢做為交換。

> 抵達人生的每個重大里程碑時，你可能會需要新的保險，像是有了孩子或買房等。

> 保險公司對較高風險的保單收取較高保費。

「一天一蘋果，醫生遠離我。」如果你沒有醫療保險，醫生也會對你敬而遠之。

——Napkin Finance ☺

---

1 章節測驗

1. **你存在銀行的錢很安全，理由是：**
   a. 銀行實際上將那些錢存放在保險箱裡。
   b. 因為你的往來銀行這麼說，而他們沒有理由說謊。
   c. 銀行執行長個人為你存在那家銀行的每一塊錢提供擔保。
   d. 政府透過存款保險公司為你提供存款保障。

2. **銀行透過下列哪種方式賺錢？**
   a. 針對放款收取利息。
   b. 沒收住宅。
   c. 暗地裡洗錢。
   d. 每個月讓董事長扛一袋現金到拉斯維加斯去豪賭。

3. **下列何者不是擬定預算的好處？**
   a. 能夠幫你避免入不敷出。
   b. 增加退休後的社會安全所得。
   c. 讓你了解自己都把錢花到哪兒了。
   d. 幫助你存更多錢，實現未來的計畫。

4. **關於預算，最受青睞的首要原則是？**
   a. 10-90預算：10％租金，90％女童軍餅乾。
   b. 40-20-40預算：40％住宅相關開銷，20％食物，40％其他。
   c. 50-20-30預算：50％必要開銷，20％目標相關，30％彈性開銷。
   d. 10-10-80預算：10％酒吧，10％ Uber，80％享樂。

5. **複利是：**
   a. 就你已經賺到的利息再賺取利息。
   b. 一檔股票每個月付給你的錢。
   c. 在派對上提起，會顯得你很聰明的事物。
   d. 形容你在追劇時，看第二季比第一季更入迷的程度。

6. 下列敘述正確或錯誤？連續一個月內每天獲得1萬元，最後得到的錢，多於「第一天領1分錢，接下來每天領的錢，都是前一天的一倍，連續領一個月」的總額。

   ○ 正確　　○ 錯誤

7. 放手讓複利魔法為你效勞的關鍵，是要做到：

   a. 把它送到《哈利波特》的魔法學校霍格華茲。
   b. 在開立帳戶時，勾選「是的，我要採用複利」的選項。
   c. 不提領已賺的錢，放著讓錢繼續滾錢。
   d. 抹上染髮劑後，至少30分鐘不洗頭髮。

8. 下列何者不是常見的債務類型？

   a. 學生貸款。
   b. 小型企業貸款。
   c. 雜項貸款。
   d. 不動產抵押貸款。

9. 當債務涉及下列哪種情況，就可能是「益債」？

   a. 低利率，而且是為了明智投資而舉的債。
   b. 花這筆錢時很快樂。
   c. 低於500美元。
   d. 能夠給你一個大大的教訓，藉由切膚之痛，讓你了解什麼是真正重要的。

10. 下列敘述正確或錯誤？你應該保留三至六個月的生活費用做為緊急備用金。

    ○ 正確　　○ 錯誤

11. 遇到下列何種狀況，動用緊急備用金也無妨？

    a. 為你最要好的麻吉舉辦告別單身派對。
    b. 因為找到新工作，需要投資一個新衣櫃。
    c. 想要到全食超市（Whole Foods）吃午餐。
    d. 不幸丟了工作，需要現金支付醫療保險。

12. 你可能可以藉由下列何種方式來降低你的保費？
    a. 投保時支付較多「點數」。
    b. 保持健康，除非必要，避免申請理賠。
    c. 搬家到加拿大。
    d. 將你的壽險保單賣給出價最高的人。

13. 當你借錢時，應該設法：
    a. 在你發現自己絕對還不起錢時，結交幾個肌肉猛男新朋友來保護你。
    b. 尋找高利率，因為沒有人天真到預期你真的會償還這筆貸款。
    c. 尋找低利率，因為低利率貸款能讓你獲得較高報酬。
    d. 尋找低利率，這樣你的支出就會比較少。

14. 單利是：
    a. 八年級的數學主題。
    b. 只經由最初貸款金額而賺得的利息 —— 和複利相反。
    c. 一支新樂團，那些新人似乎樂在其中，很是投入。
    d. 目前還不尋求投入的利息。

15. 下列敘述正確或錯誤？40 歲以前不需要擔心存錢的問題。
    ○ 正確　　　○ 錯誤

16. 只要做到下列事項，就能幫自己存更多錢，何者例外？
    a. 把錢存到儲蓄存款帳戶。
    b. 設定自動轉帳，把錢自動轉入你的儲蓄存款帳戶。
    c. 設定目標，每個月將薪水的具體百分比存起來。
    d. 養育小孩。

解答

1. d	5. a	9. a	13. d
2. a	6. f	10. t	14. b
3. b	7. c	11. d	15. f
4. c	8. c	12. b	16. d

2

信用使用規劃

建立信用

信用

什麼是信用？

你被記錄為貸款人

如何決定？

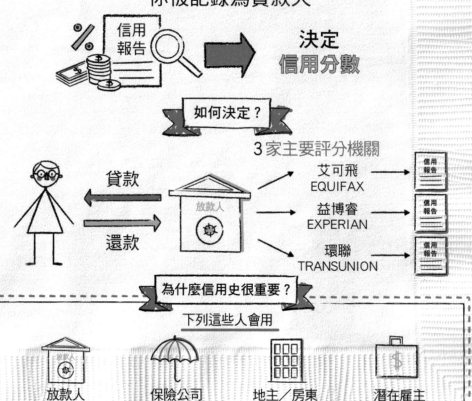

信用

簡單説，信用就是你的財務聲譽。你的信用史詳述了你身為貸款人的歷史，包括你通常是否按時還款。

為什麼信用很重要？

基於很多理由，你的信用史可能會被其他人使用，包括：

> 放款人 —— 在決定是否放款給你時。
> 放款人 —— 在決定要對你收取多高的利息時。
> 保險公司 —— 在設定你的保費水準時。
> 地主／房東 —— 在決定要對你收多少租金時。
> 潛在雇主 —— 在決定是否要錄用你時。

如何累積信用？

每一次的貸款通常都能累積一些信用，依照承諾還款能幫你累積良好信用，未能還款則會累積不良信用史。可能會影響信用的行為，包括：

> 用信用卡消費，每個月如期支付信用卡帳款。
> 如期償還學生貸款或缺繳學生貸款的款項。
> 如期償還其他所有類型的債務，包括汽車貸款或不動產抵押貸款；或是缺繳前述債務的款項。
> 銀行帳戶有尚未解決的透支金額。
> 有未繳清的公用事業帳單或醫療費用（這種狀況真的很常發生）。
> 有帳款進入催收程序。

誰在保存你的信用紀錄？

一些被稱為「信用局」的民間企業，會追蹤記錄你的信用史。如果你缺繳了一筆信用卡帳款，你的信用卡發行公司可能會向這幾家信用局回報這筆缺繳紀錄——有時，我們可以說服放款人不要向信用局回報缺繳紀錄。

　　最主要的三家信用局是：

> 艾可飛（Equifax）　　　> 益博睿（Experian）　　　> 環聯（TransUnion）

　　這幾家信用局會將所有回報紀錄保留七年——七年後，當事人的負面紀錄，通常會被一筆勾銷。那些資訊便稱為你的「信用報告」（credit report），你的信用分數就是根據這項報告計算而來。

有趣的事實

> 艾可飛和益博睿原本各是一群公司行號老闆所共同成立，目的都是為了共同分攤未還債的顧客所開立的票據。

> 艾可飛被控蒐集顧客婚姻狀況、政治活動，甚至「臥房活動」的資訊（相信你們都了）。

重點摘要

> 由你的信用和信用史，便能清楚看出你做為貸款人的紀錄。

> 信用很重要，因為信用可能會影響到你取得貸款，甚至被雇主錄用的能力。

> 放款人會向各信用局報告你的貸款金額以及你是否按時還債，這些信用局則是進一步將相關資訊彙整成你的信用報告。

支付餐廳服務人員小費的方式，也會影響到你的信用分數。——Napkin Finance ☺

信用卡

信用卡的運作方式

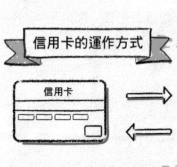

現在購物

$

$

稍後付款

過期未付款會怎樣？

信用卡 VS. 金融簽帳卡

 未付帳款

=

負債

↓

累積利息

=

信用分數降低↓

 迅速！

稍後付款

存款帳戶

金融簽帳卡

→ 花借來的錢　　　　→ 花你自己的錢

→ 賺取回饋　　　　　→ 很多沒有回饋

→ 累積信用　　　　　→ 無法累積信用

→ 可能積欠利息　　　→ 不會積欠利息

信用卡

信用卡讓人得以現在購物但稍後再付款，完全省去點鈔票或找零錢的麻煩。當你用信用卡消費，就等於向那張信用卡的發行公司（例如發卡銀行）借錢。在任何一個特定的時間點，你的信用卡帳款就是你目前積欠的總金額。

信用卡通常會附加一系列的限制——你能積欠的最大帳款，例如 5,000 美元。如果你想消費的金額超過該金額上限，商店可能會拒收你的信用卡。

帳單過期未付，會怎麼樣？

一如其他所有類型的債務，你必須按時繳納信用卡帳款。一旦你開始積欠任何帳款，信用卡發行公司就會逐月對你計息。如果你連最低應繳金額都沒有繳納，你的帳戶就會開始產生違約金和應計手續費。缺繳信用卡帳款，絕對會讓你的信用分數迅速沉淪。

信用卡的好處

如果你能謹慎使用俗稱「塑膠貨幣」的信用卡，便能獲得下列益處：

> 線上使用非常便利。
> 如果你的信用卡遺失或被偷，能夠提供完整保障。
> 可能讓你賺到回饋，像是點數、里程或現金回饋。
> 能夠幫你累積信用史。

信用卡 vs. 金融簽帳卡

雖然你可能用相同方式使用信用卡和金融簽帳卡——不管是在商店血拚或在網路上購物，但兩者其實有一些重要差異。

	信用卡	金融簽帳卡
本質是什麼？	花費借來的錢，稍後必須還錢。	直接花費你的銀行存款帳戶裡的錢。
積欠利息與否？	必須就你每個月的未繳清帳款支付利息。	無須支付利息。
能否賺取回饋？	能，利用有回饋的卡。	通常無法賺取回饋。
對信用史的影響？	如果按時繳款，就能累積優良信用；若未按時繳款，就會產生不良信用。	沒有影響。
難以取得嗎？	必須通過信用檢核才能取得。	通常在開立銀行存款帳戶時，可以直接辦理金融簽帳卡。

有趣的事實

> 美國有幾乎4億張已啟用的信用卡，即每個人擁有略多於一張。

> 直到1974年，女性要取得信用卡，還必須取得丈夫的連署簽名。後來，《平等信用機會法案》（The Equal Credit Opportunity Act）禁止信用發行上的差別待遇；但平均來說，目前女性被收取的利率還是比較高。

重點摘要

> 每當你用信用卡消費，就等於是舉借了一筆貸款。

> 一如其他所有類型的貸款，你必須按時支付信用卡帳單，否則會發生利息或手續費支出。

> 信用卡和金融簽帳卡看起來可能幾乎一模一樣，但就利息費用、對個人信用史的影響，以及賺取回饋的可能性等角度來看，兩者有一些重要差異。

如果身分盜竊者不是偷你的錢，而是偷走你的信用卡，並且幫你撫養子女，
這種竊賊就不那麼可怕了。——Napkin Finance ☺

改善信用

貸款人  還款能力 放款人

 如何改善？

😠 不要
- 缺繳帳款 ❌
- 使用超過30%的信用額度 ❌
- 停用舊的信用卡 ❌
- 除非必要，❌
  不申請新的信用卡

要 😊
- ✅ 按時繳納帳單
- ✅ 每個月全額繳清信用卡帳款
- ✅ 查閱你的信用報告
- ✅ 接受發卡機構主動
  幫你上調的信用額度

 為什麼改善信用很重要？

 信用較優良 ＝ 較低利率 ＝  省下更多錢

改善信用

從你的信用報告和信用分數，可以清楚看出你是否擁有優良的償債紀錄。放款人和其他人可能會經由你的信用史，推測你履行個人財務責任的可能性。如果你擁有優良的信用史，可能會更容易申請到信用卡、承租到公寓或申請到房貸，甚至被潛在雇主錄用的機率也會提高。

如何改善信用？

不管你已擁有完美無缺的信用史，或者正面臨財務上的困境，都可以嘗試用下列幾個步驟來提高信用分數：

> 按時繳納所有帳單。
> 每個月全額繳清所有信用卡帳款。
> 定期查閱你的信用報告，查看是否有誤登的狀況，例如已清償的債務被誤登為未償還等（一般人每年都有權免費向前述三家主要信用局調閱一次自己的信用報告）。
> 接受發卡機構主動幫你上調的信用額度。

為了保護你的信用史與信用分數，最好不要有下列行為：

> 缺繳帳款（不只是信用卡帳款，還包括其他所有帳款）。
> 使用超過30%的信用額度。
> 停用舊的信用卡。
> 除非必要，不申請新的信用卡。

為什麼改善信用很重要？

優良的信用分數能幫你省下很多錢，因為優良的信用將讓你得以適用較優惠的貸款利率。

假設兩名不動產抵押貸款的貸款人，都希望申請一筆30年期的20萬美元房貸。在整個貸款期間，信用分數較高的貸款人，有可能省下高達1萬美元的利息支出。

	期間	金額	利率	月付款	利息總額
信用優良	30年	20萬美元	5%	1,074元	186,512元
信用不良	30年	20萬美元	7.5%	1,398元	303,434元

有趣的事實

> 「信用」的英文「credit」，來自拉丁文的「credere」，意思為「信賴」。

> 如果你使用CreditScoreDating.com尋找戀愛對象（這是為了重視配對者財務歷史的人開發的約會網站），那麼改善信用可能意味著改善你未來的戀愛展望。

重點摘要

> 為了改善你的信用，一定要按時繳納所有帳單，每個月全額繳清信用卡帳款。

> 避免申請新的信用卡、避免停用舊的信用卡，以及避免使用特定信用卡30％以上的額度等，可能也會有幫助。

> 擁有優良信用，可能讓你貸款或租屋的過程變得更順利。就申請不動產抵押貸款或其他大型貸款而言，優質信用更能幫你省下實實在在的鈔票。

羅馬和碧昂絲都不是一天造成的，優良信用也不是。──Napkin Finance ☺

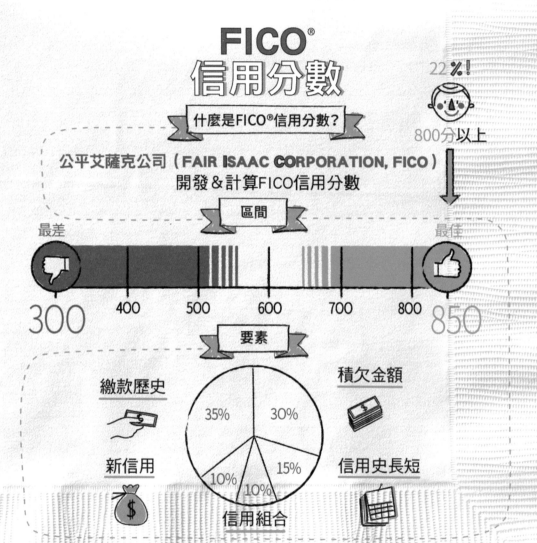

FICO® 信用分數

雖然你可能常聽到「你的信用分數」之類的說法，但實際上，你有很多不同的信用分數，甚至數百種。當然，FICO分數或許堪稱最常見且最為人所知的一種信用分數，這項信用分數是以計算這項分數的公司命名的 —— 公平艾薩克公司（Fair Isaac Corporation, FICO）。

什麼是優質的FICO評分？

FICO評分介於300分至850分，愈高愈好。

分數區間	有多好？	落在這個區間的民眾占比
800-850	了不起！	22%
700-799	健全	36%
600-699	不怎麼樣	23%
300-599	糟糕	19%

影響這項分數的要素是什麼？

影響個人FICO分數的主要因素有五項，某些要素又比其他的重要：

要素	占評分的權重	說明
繳款歷史	35% 最重要	你過去是否按時支付款項？或者曾經缺繳款項？
積欠金額	30% 非常重要	你是否刷爆信用額度？或者只使用總信用額度的一小部分？

信用史長短	15% 較不重要	你的信用史長或短？（愈長愈好）
新信用	10% 最不重要	你上個月是否申請了20張新信用卡？或者你鮮少使用新信用？
信用組合	10% 最不重要	你是否只使用過信用卡？或者也曾有過學生貸款、不動產抵押貸款或其他種類貸款的紀錄？

有趣的事實

> 「公平艾薩克」公司的名稱由來，並不是為了要宣傳它評定的信用分數絕對公平，而是因為該公司的創辦人名為威廉・菲爾（William Fair）與厄爾・艾薩克（Earl Issac），取兩人的姓氏組合而成。

> 「終極FICO」（UltraFICO）分數，是一種新型的信用分數。這項分數將你在銀行的現金列入考慮，這項評分對信用史有瑕疵或沒有信用史的人可能有幫助。

重點摘要

> FICO分數或許堪稱最常見且最為人所知的一種信用分數。

> FICO分數可能介於300分至850分，分數愈高愈好。

> 影響FICO分數的最重要因素是：你過去的貸款還款紀錄是否優良，而你的貸款金額、你的信用史長短，以及其他要素也很重要。

世上最令人退避三舍的，莫過於口臭和次級FICO分數了！──Napkin Finance ☺

1. 信用是：

   a. 信用卡發明人的名字。
   b. 你的犯罪紀錄。
   c. 你做為貸款人的聲譽。
   d. 《洛基》（*Rocky*）系列電影的續集。

2. 下列何者不是三家信用局之一？

   a. 泛美（Transamerica）。
   b. 環聯。
   c. 艾可飛。
   d. 益博睿。

3. 下列敘述正確或錯誤？未繳清的醫療費用帳單，最終可能損害到你的信用報告。

   ○ 正確　　　○ 錯誤

4. 你可以做很多事來改善你的信用，下列何者無助於改善信用？

   a. 繳納帳單。
   b. 每次職員向你推銷，你就申請／啟用一張新信用卡。
   c. 每個月都全額繳清信用卡帳款。
   d. 定期核對信用報告是否有誤。

5. 很多行為都會傷害到你的信用分數，所以應該避免，但下列何者不會造成傷害？

   a. 缺繳帳單。
   b. 刷爆信用卡額度。
   c. 把信用卡凍在冰塊裡，這樣就不方便拿來刷。
   d. 每次職員向你推銷，就申請／啟用一張新信用卡。

6. 你的信用史和信用分數，可能在下列何種狀況中被使用？
   a. 應徵新工作。
   b. 用現金購買新車。
   c. 在測驗過程中，用來促使老師自動幫你加分。
   d. 在撰寫結婚誓詞時。

7. 下列敘述正確或錯誤？停用已經不再使用的舊信用卡，有助於提高你的信用分數。
   ○ 正確　　　○ 錯誤

8. 當你用信用卡付款，你便是：
   a. 等待讀卡機運作的時間，讓你感覺非常快樂。
   b. 炫耀你有多富裕、多了不起，而且無憂無慮。
   c. 花用你的大富翁貨幣，它甚至不是真實貨幣。
   d. 向信用卡發行者借錢，未來你必須償還這筆錢。

9. 缺繳信用卡帳款的意義是：
   a. 玩點把戲，欲擒故縱。
   b. 如果只是一年缺繳一次，沒什麼大不了的。
   c. 死定了！
   d. 麻煩大了，你應該避免這麼做。不過，就算發生這種狀況，你的人生還是可以從頭來過。

10. 下列敘述正確或錯誤？負責任地使用信用卡，有助於建立優良信用史。
    ○ 正確　　　○ 錯誤

11. 下列敘述正確或錯誤？用金融簽帳卡消費，通常能夠讓你獲得更多回饋點數。
    ○ 正確　　　○ 錯誤

12. 你的FICO 評分是：

    a. 決定你是否將成功、快樂度過一生的唯一因素。

    b. 最為人所知的一種信用分數。

    c. 你的薪資指數之一。

    d. 你可以在《要塞英雄》（*Fortnite*）電玩中獲得的最高分數。

13. 以FICO 評分來說，優異等級的分數介於：

    a. 0-100。

    b. 900-1,000。

    c. 800-850。

    d. 867-5,309（「珍妮，我想妳的是這組。」）

14. 下列敘述正確或錯誤？信用史愈短愈好，因為那顯示你鮮少使用信用。

    ○ 正確   ○ 錯誤

15. FICO 的意思，是下列何者的首字母縮略字？

    a. Falling into Cave Openings.（掉進洞口）

    b. The Finally, I Can Open a credit card Act.（「我終於能辦卡了」法案）

    c. The Federal Insurance Contributions Organization.（聯邦保險撥款組織）

    d. The Fair Isaac Corporation.（公平艾薩克公司）

解答

1. c	5. c	9. d	13. c
2. a	6. a	10. t	14. f
3. t	7. f	11. f	15. d
4. b	8. d	12. b	

買低賣高

投資

投資

什麼是投資？

讓你的錢幫你賺錢

把錢 用來投資 報酬!!!

經過時間……

為什麼要投資？

較好的潛在報酬

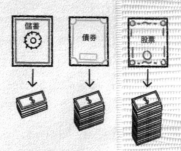

儲蓄　　債券　　股票

有趣的事實

藝術品可能是很棒的投資

班克西的畫作「被自毀」後，
價值提高一倍！

投資的運作方式

把餅做大

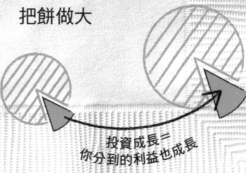

投資成長＝
你分到的利益也成長

投資

投資是期許未來能夠獲取報酬,將資金投入某項事物,讓錢自己幹活兒。

你或許已經投資了各式各樣的事物。當你投資自己的教育,你期許獲得的報酬,可能是更高的未來薪資,或是一個穩當的工作機會。當你投資某雙設計師鞋款,你可能期許能透過別人的恭維或社會地位來賺取某種報酬。

談到個人財務,投資是將資金投入股票、債券或其他種類的風險專案,期許能夠從中賺取利潤。

「世上有哪個百萬富翁,
是藉由投資儲蓄存款帳
戶而致富的?」

——羅伯特·艾倫
Robert G. Allen,
投資人兼財經作家

為什麼要投資?

投資是可能有效增長個人財富的方法之一,因為就過去的歷史紀錄而言,諸如股票與共同基金等投資,的確能帶來優異的長期報酬。有鑑於你把錢存在儲蓄存款帳戶的利率只有0.1%,投資美國股票的長期平均年度報酬率是10%;長期下來,兩者的報酬率差異是:

	原始投資金額	報酬率	投資時程	期末金額
儲蓄	1萬元	0.1%／年	20年	10,202元
股票	1萬元	10%／年	20年	67,275元

當然,在現實世界,投資標的有可能上漲,也可能下跌,而且不是每個月、每年都能實現平穩的報酬。不過,就長期而言,相較於其他替代選擇,投資還是能讓你的資金較快速成長。

投資的運作方式

股票市場的長期趨勢通常是上漲的，因為拜人口成長與科技進步之賜，經濟通常是成長的。世界人口增加意味有更多人購買各種事物，科技的進展可以改善勞工生產力、促進新發現。長期下來，這兩項因素讓企業得以銷售更多產品，獲取更大利潤，而投資讓你有機會分食到持續增長的企業利潤大餅。

下列是投資的基本流程：

第1步：購買一家企業的所有權（例如：藉由買進股票），或貸款給這家企業（例如：藉由購買債券），從而達到投資的目的。

第2步：該公司銷售商品，業務蒸蒸日上。

第3步：你的股票所有權目前變得更有價值，你可以在有獲利的情況下出清這些股票。或者，該公司會連本帶利，償還你先前借貸給它的資金。

投資不只和股市有關，你也可以投資不動產、外匯、古董車、藝術品等。

有趣的事實

> 藝術品可能是很棒的投資。據報導，英國塗鴉藝術家班克西的畫作《氣球女孩》（*Girl with Balloon*）在2018年蘇富比拍賣會上自毀後，*價值上漲了一倍。

> 不是富人也能致富。巴菲特的財富源自他送報的薪資，他11歲時投資了人生第一檔股票 —— 城市服務公司（Cities Service），是一家石油公司，也就是後來的雪鐵戈石油公司（Citgo）。

重點摘要

> 投資就是期許未來能夠獲取報酬，將資金投入某項標的，讓錢自己幹活兒。

> 把資金投入股票、債券和其他投資標的，長期下來，將能實現可觀成長。

---

* 畫框中暗藏了一部碎紙機，成交後有人啟動機器，讓這張畫自毀。

> 投資的成果良好，原因是：長期下來，經濟將會成長，這意味著企業將會銷售更多商品，獲取更大利潤。

如果你想取得投資建議，打電話給你的營業員。如果你想要不請自來的人生建議，打電話給你媽就好。——Napkin Finance ☺

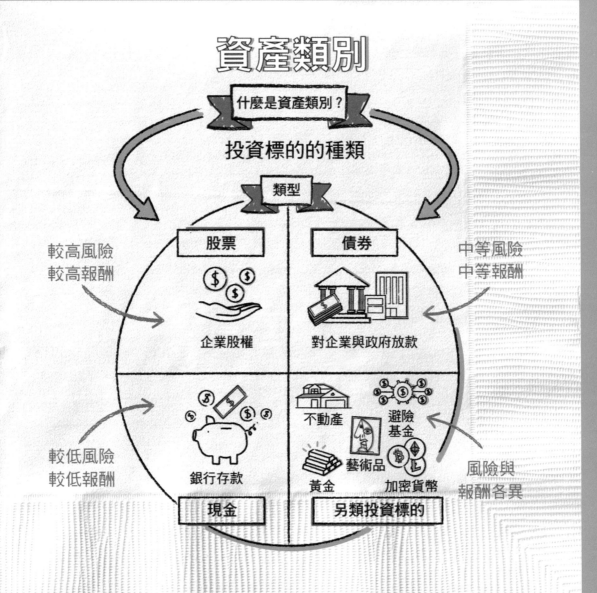

資產類別

資產類別是指投資標的的大類。這些資產是投資的基本元素，你可以利用資產類別來建立「投資組合」（portfolio），即面面俱到的投資標的群組。

主要的資產類別

股票

> 在你購買一檔股票的當下，你就成了一家企業的局部所有權人（股東）。
> 如果這檔股票的價值上漲（通常當該公司的利潤增加，它的股票就會增值），你就獲得報酬。
> 有些股票也會發放股利，定期對股東發放的小額現金或股份。
> 很多（但非全部）股票在證交所，例如紐約證交所（New York Stock Exchange, NYSE）掛牌交易。一些股票則是非正式地透過經銷商網路交易。

債券

> 在你購買一檔債券的當下，你就成了發行這檔債券的實體（通常是股份有限公司或政府實體）的放款人。
> 多數債券能讓你獲得報酬，因為多數債券會發放利息。
> 通常當債券到期，你就能收回你的原始投資金額。
> 債券通常不會在交易所交易，不過你還是可以透過經紀商買賣債券。

現金

> 現金包括錢包裡的鈔票和銀行存款。
> 如果你將現金存在一個孳息性存款帳戶，即使是現金也能賺一點點報酬。
> 和股票及債券不同的是，你的銀行存款享受保障，所以這種現金很安全。

> 另類投資標的可能包括不動產、避險基金、私募基金、加密貨幣、諸如黃金等原物料商品，或是其他各式各樣的資產。
> 以不動產來說，承租人支付的租金，就是身為不動產投資者的你的報酬之一。
> 其他類型的另類投資標的，例如加密貨幣和黃金，並不會發放任何報酬。投資人是因為押寶加密貨幣、黃金或其他資產將漲價而投資的。

有趣的事實

> 只要是想像得到的主題，一定能夠找得到投資管道。目前已經有一些旨在押寶天氣變化的投資基金可投資，也有一些押寶中國古代陶器價格的投資基金可投資，市場上甚至有押寶人類滅亡的投資基金。
> 雖然不動產有時被吹捧為穩賺不賠的投資標的，但是就長期報酬而言，股票的表現比不動產好得多。

重點摘要

> 諸如股票與債券等資產類別，是投資的基本元素。
> 股票代表企業的所有權，通常若一家企業的利潤增加，它的股票就會增值。
> 債券是對企業或其他實體的放款，只要貸款人正常償債，投資者就能獲得報酬。
> 很多其他投資標的被歸類為林林總總的另類投資標的。

典型的資產類別包括股票、債券、不動產、現金和纖細的身材。——Napkin Finance ☺

分散投資

什麼是分散投資？

風險最小化的方法之一

股票 ↔ $ ↔ 債券

現金

將資金分散投資
到不同標的

另類投資標的

方法

資產類別　地理區域　產業　企業規模

也就是說

雞蛋不要放在同一個籃子裡 !!

分散投資

分散投資是指將資金分別投入很多不同類型的投資標的，就是投資版的「不要孤注一擲」。

分散投資的好處

投資專家在很多方面的看法莫衷一是，但他們傾向認同「分散投資」是很棒的策略。下列是分散投資的某些利益：

> 降低風險。當你的資金愈分散投資，那麼即使其中一、兩檔投資標的重挫，你虧錢的風險還是比較低。

> 找到飆股的機會較高。每個投資人都想及早持有下一個谷歌或下一個亞馬遜，你持有的投資標的的愈多，幸運持有下一個谷歌或亞馬遜的機率就愈高。

> 較平滑的報酬。任何一項投資標的，都可能出現年度漲價或跌價的狀況。不過，如果你持有的標的涵蓋範圍廣泛，通常就能減緩報酬率大幅起落的程度。

分散投資的方法

你可以根據下列方式分散投資：

資產類別	可考慮持有股票、債券、現金與另類投資標的所組成的投資組合。
地理區域	美國可能是很棒的投資地點，但是當美國經濟陷入衰退，其他國家的投資標的，或許能夠提供更好的報酬。

> 「與其妄想在大海撈針，
> 不如買下整片海洋。」
>
> ——約翰 · 伯格 John Bogle，
> 指數型投資發明人

產業	在某些年度，科技公司可能是績效最好的投資標的，但是在其他年度，績效明星可能變成石油公司（另一種產業）。所以，持有每種產業的一些股票，是相當合理的做法。
債券發行者的類型	就債券投資而言，可以考慮持有公司債、聯邦政府債券與州及地方政府債券所構成的組合。
公司規模	在經濟強盛階段，小型企業的表現傾向較為優異，但大型企業在經濟衰退期的表現通常較好，所以可以考慮兩者都投資。

有趣的事實

> 「分散投資」的英文「diversification」源自拉丁文的「diversus」和「faciō」，前者的意思是指「朝不同方向前進」，後者是指「製作」或「做」。

> 有些投資人以貴金屬來達到分散投資的目的。在股市崩盤階段，黃金的表現通常很好，因為此時投資人忙著尋找避險天堂。

重點摘要

> 分散投資是指將資金分散投入很多不同種類的投資標的。

> 分散投資的好處，可能包括：降低風險、掌握到飆股的機率提高，以及更平滑的績效。

> 你可以藉由投資不同資產類別、不同國家和產業等方式來分散投資。

分散是很棒的投資策略，也是製作美味起司拼盤的好策略。──Napkin Finance ☺

風險 VS. 報酬

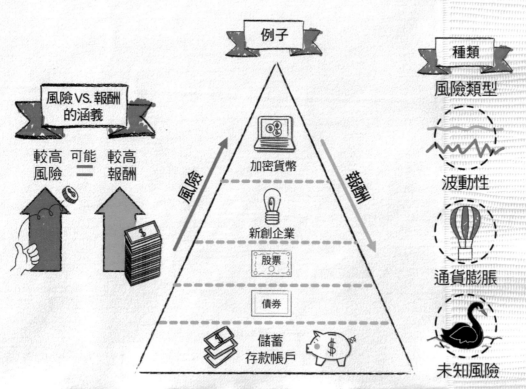

例子

種類

風險類型

波動性

通貨膨脹

未知風險

風險 VS. 報酬的涵義

較高風險　可能　較高報酬

風險

報酬

加密貨幣

新創企業

股票

債券

儲蓄存款帳戶

注意
投資永遠有風險！

風險 vs. 報酬

所有投資都有風險。以金融投資而言，風險通常和報酬息息相關，那代表潛在報酬最高的投資標的，通常最可能讓人賺最多錢，而安全的投資標的通常不會帶來顯著的回報。

何謂風險？

投資人通常認為「波動性」（volatility），也就是「投資標的的價格起伏程度」，就代表「風險」。

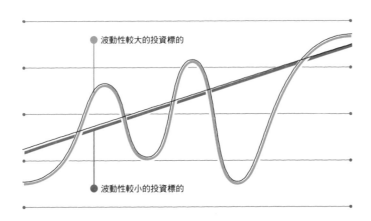

● 波動性較大的投資標的

● 波動性較小的投資標的

　　有些專家主張，波動性並不能體現所有類型的風險。舉個貼切的例子，投資人委託伯尼・馬多夫（Bernie Madoff，一手操縱了史上最大投資騙局）管理的帳戶，報酬率看起來非常平滑，因此令投資人誤以為風險很低，產生錯誤的安全感。而且，若根據這項定義，嚴格來說，一項恆久虧本的投資標的，有可能被歸類為「低風險」標的。

　　不過，波動性依舊是了解投資標的的風險高低的最佳捷徑。

根據風險／報酬排序的投資標的

由於風險與報酬息息相關，所以你可以根據投資標的的風險與潛在報酬高低，為各類型的投資標的排序：

投資類型	風險水準	為什麼？
加密貨幣	XXXXX	有些加密貨幣最終變得一文不值。不過，有些確實能讓你一夜成為百萬富翁。
新創企業	XXXX	有些新創企業最終將實現亮麗的成果，但有些卻會無疾而終，還有一些介於這兩個極端之間。
股票	XXX	股票價格可能起伏不定，甚至偶爾會重挫，但是長期來說，股票通常能夠實現堅穩的報酬 —— 平均來說，每年大約產生10％的報酬。
債券	XX	債券的價格也可能上下起伏，但通常起伏程度較股票的低。長期來說，債券每年的報酬率平均大約是5％。
儲蓄存款帳戶	X	儲蓄存款帳戶受政府保障，如果你的存款低於保障上限，虧損的機率是0％。不過，這種投資標的每年只能幫你賺0.1％的報酬。

　　最重要的投資課題，就是選擇正確的風險及報酬平衡點。從你的資產配置，可以看出你的風險／報酬平衡，下一個主題就是資產配置。

有趣的事實

> 儘管風險／報酬之間存在著前述關係，而且女性在投資方面通常比男性保守，但女性的投資報酬卻比男性高（平均而言），這或許是因為女性的交易次數較不頻繁。

> 記得嗎？只要是想像得到的主題，一定找得到投資管道。有些策略甚至能讓你只投資波動性本身，這意味著你將在市場表現極端不理性時賺錢，但在市場表現平靜時虧錢。

重點摘要

> 投資絕對有風險。
> 潛在報酬較高的投資標的，風險通常較高。
> 很多投資人認為，投資標的的價格起伏程度就代表風險，但是還有其他類型的風險存在。

不管是投資或到路邊餐車買午餐，都得仔細權衡你承擔的風險和獲得的報酬。

——Napkin Finance ☺

資產配置

將你的資金$$分散投資到不同資產類別

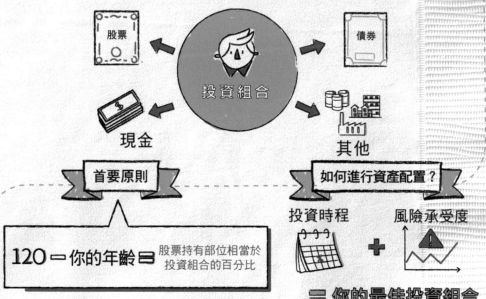

股票

投資組合

債券

現金

其他

首要原則

如何進行資產配置？

投資時程

風險承受度

120 — 你的年齡 = 股票持有部位相當於投資組合的百分比

+

= 你的最佳投資組合

好處 — 提高報酬 — 降低風險 — 建立信心 — 堅守計畫

資產配置

「資產配置」（asset allocation）是以百分比的形式，來描述你持有的資產。如果你名下有1,000元，這些錢全部存在支票存款帳戶，那麼你的資產配置就是100%的現金。如果你的身價有1萬元，其中一半是你收藏的鞋子，那麼代表你有50%的資產是配置到鞋子——以及100%對於保持光鮮亮麗外表的熱忱。

　　一般人談到資產配置時，通常是指投資帳戶的配置。所謂「選擇正確的資產配置」，主要就是「選擇正確的風險承擔程度」。

好處

選擇適當的資產配置的好處，可能包括：

> 提高報酬。
> 降低投資組合的風險。
> 讓你對自己的策略更有信心。
> 使你更容易堅守既定的投資計畫，而這有助於提高報酬。

釐清你的資產配置

資產配置應該取決於兩項主要因素：你的投資時程（time horizon），以及你的個人風險偏好。

> 投資時程——如果你愈久以後，才需要賣出手上的投資標的，你可以承擔的風險愈高。原因是，一旦你有較長的投資時程，就算市場大跌，你也有較大的空間可以等待投資標的反彈回原來的價格。
> 風險偏好——如果你覺得眼睜睜看著手上的投資標的重挫，會讓你感到極度恐慌，那麼你或許不會想要持有非常高風險的投資標的。如果你能夠忍受某種程度的價格起伏，就能承擔一些風險。

結論

一旦你釐清自己要承擔多少風險，就能選擇一個高水準的資產配置。

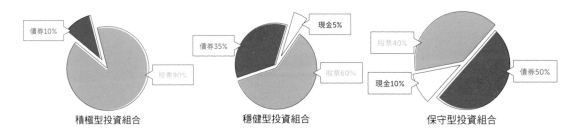

債券10%　　股票90%　　積極型投資組合

現金5%　　債券35%　　股票60%　　穩健型投資組合

股票40%　　現金10%　　債券50%　　保守型投資組合

有趣的事實

> 巴菲特喜歡維持簡單的資產配置，他曾說一個將90％資產投資到標普500指數（S&P 500）的指數型基金與10％資產投資到國庫債券的投資組合，就能夠打敗一群收費高昂的基金經理人。

> 在選擇資產配置時，速成的首要原則之一就是用120減去你的年齡，計算出來的數字代表你應該持有的股票占資產的百分比，剩餘的部分就投資到債券。

重點摘要

> 「資產配置」是以百分比形式描述個人投資狀況的一種專業語言。

> 適當的資產配置有助於改善報酬，讓你對自己的投資標的更有信心。

> 所謂「適當的資產配置」，最重要考量在於選擇「適當的風險水準」，你應該依據自己的投資時程和風險偏好選擇資產配置。

資產配置是自我照顧的例子之一，其他例子還包括冥想和去角質。

——Napkin Finance ☺

機器人理財顧問

自動投資

什麼是機器人理財顧問？

用來管理資產的電腦程式

如何使用？

第1步
填寫
問卷

第2步
機器人理財
顧問產生模
型投資組合

第3步
繼續
自動
管理

 機器人理財顧問 **VS.** 人類顧問

公正   客製化量身訂作

手續費低 $ 手續費適中

稅負效率   情緒支持

機器人理財顧問

機器人理財顧問，是指採用電腦程式而非真人來協助管理資產。

諸如貝特曼（Betterment）與財富先鋒（Wealthfront）等新創企業，發明了機器人顧問服務的概念。目前這個概念非常成功，連嘉信理財（Charles Schwab）、富達投資（Fidelity）和先鋒基金（Vanguard）等金融巨擘，也紛紛來湊一腳。

機器人理財顧問如何運作？

第1步：透過網路，在有機器人理財顧問的公司開立帳戶，將資金匯入這個帳戶。

第2步：回答一份有關個人投資目標、投資時程與風險承受度等問題的基本問卷。

第3步：機器人理財顧問會根據你的答案來建構一個投資組合，通常機器人理財顧問會有一些不同的現成投資策略和投資組合可用。

第4步：機器人理財顧問會將你的資金投資到選定的投資組合。

第5步：機器人理財顧問將監控你的投資組合，可能為了回應市場的波動、你選定的策略或你的風險概況變化而進行一些交易。

利弊得失

相較於採用傳統的人類理財顧問，使用機器人理財顧問可能有一些重要差異：

	機器人理財顧問	傳統理財顧問
手續費	通常很低，例如每年0.25%。	可能介於中等至高費率，例如每年1%。
建議品質	公正、客觀。	客製化、主觀。
投資選項	有限，但通常可選擇的範圍已相當充實。	範圍與品質因顧問而異。

額外好處	為了降低投資利得的稅負，很多採用特殊的交易策略。	如果你對自己的投資感到焦慮，至少有認識且可以信任的人幫你分憂解勞。
最適合哪些人？	個人需求相當簡單，而且能夠安逸看待投資的人。	個人需求較為複雜，而且想要別人幫忙的人。

有趣的事實

> 委託機器理財顧問管理的資產規模已出現爆炸性成長，由2008年的從零開始，成長到2012年的10億美元，乃至2017年的2,000億美元，預估到了2025年，更將達到16兆美元。

> 有些機器人理財顧問公司，已經開始為客戶提供財務規劃師電話服務（但投資決策還是交由電腦處理），因為即使到了千禧世代，客戶偶爾還是會想跟真人互動。

重點摘要

> 機器人理財顧問是採用自動化技術來協助管理資金的投資服務。

> 機器人理財顧問可能有很多符合不同使用者風險概況的現有投資組合或策略可供顧客選擇。

> 相較於人類理財顧問，機器人理財顧問通常收費較低廉，但比較無法提供情緒上的支持。

如果你不想出門，又希望得到理財建議，機器人理財顧問是很棒的選擇。

——Napkin Finance ☺

---

3 章節測驗

1. 投資是：
   a. 基本上是賭博，只不過是較容易被社會接受的一種賭博。
   b. 保證讓你躋身財富排名前1%富豪的好方法。
   c. 是將兩美元鈔票放進玻璃瓶，期待那兩張鈔票生出錢兒子的方法。
   d. 是個人參與分享廣泛經濟增長成果的方法之一。

2. 下列敘述正確或錯誤？儲蓄存款帳戶是非常棒的長期投資標的，因為這些帳戶能夠創造卓越的成長。
   ○ 正確　　　○ 錯誤

3. 主要的投資資產類別為：
   a. 股票、基金、股份與債券。
   b. 股票、債券、現金與另類投資標的。
   c. 藏在床墊下的現金、舊襪子裡的硬幣，以及埋在後院的金條。
   d. 當紅吸金卡戴珊家族的姊妹：克蘿伊（Khloé）、金（Kim）、寇特妮（Kourtney）、坎達兒（Kendall）、凱莉（Kylie）。

4. 股票是：
   a. 一家企業的一小部分所有權。
   b. 你用來存放所有股份憑證的老舊儲蓄罐。
   c. 一種存貨。
   d. 一種可以享受免稅投資利益的帳戶。

5. 下列何者不屬於另類投資標的？
   a. 避險基金。
   b. 珠寶。
   c. 股票。
   d. 超脫樂團（Nirvana）的古董唱片。

6. 分散投資是：

    a. 為了實現利得最大化目標而採行的當沖買賣策略。

    b. 將資金分散投資到許多不同種類投資標的的策略。

    c. 將投資相關稅負支出最小化的策略。

    d. 影集《六人行》缺乏的事物。

7. 下列敘述正確或錯誤？分散投資能降低投資組合的風險，並使報酬趨於平滑。

    ○ 正確　　　○ 錯誤

8. 下列何者不是分散投資的方法？

    a. 持有不同國家的投資標的。

    b. 持有不同產業的投資標的。

    c. 投資部分資金在小型企業，以及部分資金在大型企業。

    d. 投資不同名稱的企業。

9. 下列敘述正確或錯誤？投資報酬率較高的標的，風險通常較低。

    ○ 正確　　　○ 錯誤

10. 在思考風險時，最主要的方法是將它想成一項投資標的的價格起伏程度，這稱為：

    a. 機動性。

    b. 過動性。

    c. 波動性。

    d. 生育力。

11. 下列哪類投資標的的風險非常高？

    a. 存款憑單。

    b. 加密貨幣。

    c. 債券。

    d. 特別股／優先股。

12. 下列哪類投資標的，是非常安全的投資標的？

    a. 古董摩托車。
    b. 垃圾債券。
    c. 電影訂票服務公司 MoviePass 的股票。
    d. 儲蓄存款帳戶。

13. 資產配置的意思是：

    a. 以百分比來表示你持有的投資標的的類型。
    b. 你的國內帳戶持有哪些投資標的，以及海外帳戶持有哪些投資標的。
    c. 你在交友軟體上的個人最佳特質描述。
    d. 一種新的美容手術。

14. 一項資產配置是否適合你，主要取決於下列哪項因素？

    a. 你有多少錢，以及你感覺自己有多幸運。
    b. 你的生理年齡減去你實際的成熟度。
    c. 你的投資時程和個人的風險偏好。
    d. 你的 Instagram 有多少追蹤者。

15. 下列敘述正確或錯誤？只要用年齡，就可以算出非常好的資產配置起步。

    ○ 正確　　　○ 錯誤

16. 機器人理財顧問是指：

    a. 選擇飆股的演算法。
    b. 利用自動化技術為你管理投資標的的服務。
    c. 可以在機器人顧問應用程式中購買並且加以裝飾的電子寵物。
    d. 五百萬年前殖民地球的外星機器人物種。

17. 下列何者不是機器人理財顧問的優點？

    a. 低手續費。
    b. 公正的建議。
    c. 具稅負最小化的潛力。
    d. 廣泛多元的投資選項。

18. 人類理財顧問勝過機器人理財顧問的最大優勢之一是：

    a. 較強有力的監理保障。
    b. 如果你的投資標的大跌，你可以靠在他的肩膀上痛哭一場。
    c. 較低的手續費。
    d. 投資績效紀錄較好。

解答

1. d	6. b	11. b	16. b
2. f	7. t	12. d	17. d
3. b	8. d	13. a	18. b
4. a	9. f	14. c	
5. c	10. c	15. t	

4

大學學費規劃

支付大學費用
動用所有能取得的協助

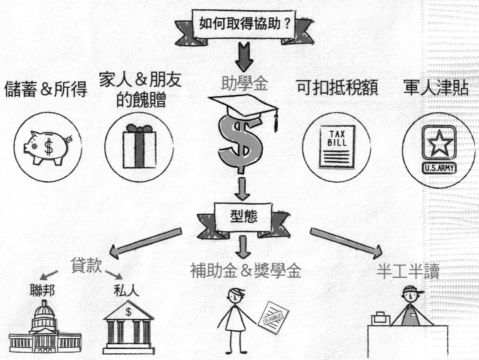

如何取得協助？

儲蓄＆所得　　家人＆朋友的餽贈　　助學金　　可扣抵稅額　　軍人津貼

TAX BILL

U.S.ARMY

型態

貸款　　補助金＆獎學金　　半工半讀

聯邦　　私人

ELIGIBLE

美國最昂貴的幾家大學

HARVEY MUDD COLLEGE

哥倫比亞大學　芝加哥大學　瓦薩學院　三一學院　哈維穆德學院
COLUMBIA　U. OF CHICAGO　VASSAR　TRINITY　HARVEY MUDD

支付大學費用

不是光靠努力就能順利從大學畢業；要取得大學文憑，還需要花大把大把的現金。更具體來說，若是念美國各州的公立大學，平均每年要花大約26,000美元，包括住宿、伙食和書籍費用等。美國私立大學的平均花費，更是比州立大學貴一倍以上，平均每年的開銷達到53,000美元。

> 「知識投資是一種能夠產生最大利益的投資。」
>
> ——班傑明·富蘭克林，
> 美國開國元勛

　　不僅如此，前述費用還以每年大約6%的幅度上漲。以這樣的上漲速率推估，二十年內，為了取得一張美國大學文憑而必須付出的代價，可能輕易超過50萬美元。

跟著錢走

如果你沒有一個超級有錢的姑婆或叔父幫你支付高等教育的費用，要去哪裡籌錢？一般美國學生的資金來源如下：

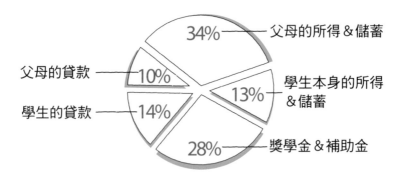

因為四捨五入，百分比的總和不等於100%。

支付大學費用的方法

下列是幾種基本選項概述：

> 所得與儲蓄 —— 你和你父母很可能需要貢獻非常多錢在你的大學費用。

> 獎學金與補助金 —— 又稱為「免費資金」！學校的助學金辦公室能幫你找到申請獎學金與補助金的機會，不過你應該也要自己研究一下如何申請民間的獎學金。

> 校內研究工作 —— 好處之一是，這些工作機會並不會影響到你申請助學金的資格，而其他工作機會可能影響。

> 政府貸款 —— 向政府借貸的資金，通常利率很低。如果到了必須還款時，你的財務狀況還是不理想，這類貸款還附帶一些保障。美國相關的例子，包括直接補貼貸學金（Direct Subsidized Loans）與直接無補貼貸學金（Direct Unsubsidized Loans）。

> 民間貸款 —— 向民間實體借貸的資金，通常利率較高，較少保障。通常，申請這種貸款需要父母共同簽署。

> 可扣抵稅額 —— 你可能可以就部分學費與其他費用支出申報扣抵稅額。

> 從軍 —— 如果你上大學前曾從軍一段特定期間，可能就有資格獲得教育津貼。

有趣的事實
> 有些獎學金只發放給素食者、左撇子、身高很高或很矮的人，還有一些專為特殊姓氏提供的獎學金。

> 近幾年，美國私立大學學費的上漲速度，達到通貨膨脹率的兩倍以上。

重點摘要

> 美國大學學費貴得不可思議。

> 若不採用結合儲蓄、所得、補助金、獎學金和貸款等資金來源組合，多數美國家庭根本無力負擔大學費用。

大學教育非常重要，因為大學文憑能讓你找到好工作，支付你的大學教育費用。

——Napkin Finance ☺

學生貸款

什麼是學生貸款？

為了受教育而借貸的資金

放款人　放款　$　還款　→　上大學

條件

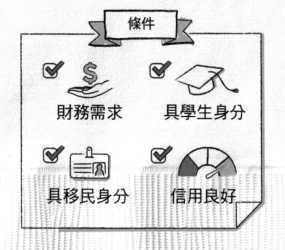

☑ 財務需求　☑ 具學生身分

☑ 具移民身分　☑ 信用良好

類型

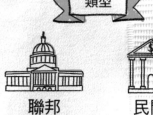

聯邦　　　　民間

 % 　 %

較低利率　　較高利率

學生貸款

學生貸款可能包括各式各樣用於支付教育費用的借貸資金。雖然從字面上來看,「學生貸款」可能暗喻這類貸款只對學生本人提供,但為人父母者也可以基於幫子女支付教育費用的目的申請學生貸款。

類型

美國的學生貸款主要有兩種:聯邦貸款和民間貸款。聯邦貸款是由聯邦政府承做,有幾種不同形式:

> 直接補貼貸學金 —— 對有財務需求證明的學生提供的低利率貸款。
> > 學生還在校時,這些貸款不會計息。
> 直接無補貼貸學金 —— 對不盡然能提供財務需求證明的學生提供的低利率貸款。
> > 學生還在校時,這些貸款就會計息。
> 雙親助學貸款 —— 對父母親提供的貸款,利率適中,但申請人必須通過信用調查,才能夠取得貸款資格。
> > 子女在學時,父母親就必須開始還款。
> 聯邦帕金斯貸款(Federal Perkins Loans)—— 對極端有財務需求的學生提供的低利率貸款。
> > 這項計畫在 2017 年到期,未來有可能重新核准實施。

　　至於民間貸款,通常是由民間金融服務公司承做,像是銀行、信用社與莎莉美(Sallie Mae)公司。民間貸款的條件,由放款人決定。

如何符合貸款資格?

需要提出的佐證因放款人或貸款型態而異:

> 財務需求證明。

> 至少具半學生身分。

> 具公民或移民身分。

> 有優良的信用史。

重要須知

在申請民間貸款時，一定要非常小心，因為這類貸款的成本，通常比聯邦貸款高，如果你未來難以正常履行還款義務，民間放款人可能不像聯邦政府那麼寬貸。

有趣的事實

> 美國的學貸總額超過1.5兆美元，如果這些學生貸款構成一個國家，它將是世界上第13大經濟體，大約和澳洲的經濟規模相當。

> 有超過一半的學生貸款人，誤以為還款金額視其所得而定，而且有幾乎10％的貸款人誤以為若找不到工作，就暫時不需要還款。正確答案是：除非你另作安排，否則還款金額是根據貸款金額、總還款期間和利率而定。而且，就算你找不到工作，一樣得償還貸款。

重點摘要

> 學生貸款是為了支付教育費用而借貸的資金。

> 美國主要的學生貸款，包括聯邦貸款與民間貸款。聯邦貸款的利率通常較低，而且附帶對貸款人的額外保障。

> 你可能必須根據貸款的類型，提出財務證明、信用證明、學生身分證明，以及移民身分證明等，才能符合貸款資格。

抗老訣竅：如果你還有學生貸款要還，你會感覺自己年輕十歲。──Napkin Finance ☺

FAFSA表格

什麼是FAFSA？

申請助學金

為什麼要申請？

免費的

大學教育基金

免費
聯邦
學生
助學金
申請表

主要目的

計算你的
EFC
（預估家庭貢獻金額）

=

預估家庭將為你
支付多少大學費用

上大學的成本 **—** 家庭貢獻金額 **=** 財務需求

何時申請？

每年10月1日

開放申請

需要準備什麼？

聯邦
學生資助證

社會
安全號碼

所得稅
申報表

所得
紀錄

對帳單

FAFSA 表格

美國聯邦政府的「聯邦學生補助免費申請」，簡稱
FAFSA（Free Application for Federal Student Aid），
是學生在爭取助學金的過程中，每年必填的表格。

如何填寫 FAFSA？

第1步：申請聯邦學生補助的帳號和密碼。

第2步：蒐集需要使用的所有文件，靜待申請開
　　　　放日到來（在每學年開學前的10月1日開放）。

第3步：填寫 FAFSA 官網：studentaid.ed.gov 上的表格。

第4步：完成填寫，檢視你的「學生補助報告」（Student Aid Report）。這份報告
　　　　上條列了你輸入的資訊，列出你的「預估家庭貢獻金額」，也就是你的家庭預估
　　　　有能力支付的金額。

第5步：你的學校（如果你還在申請學校，則是你申請的所有學校），將會透過 FAFSA
　　　　收到你的財務資訊。每間學校會將上學成本減去你的「預估家庭貢獻金額」，算出
　　　　你有資格領取多少助學金，以減輕家庭負擔。

第6步：你的學校（或申請的學校）將會寄出助學金信函，通常是在3月或4月。

為何 FAFSA 很重要？

每年有超過1,200億美元的聯邦助學金發放，很多州和學校也會使用你的 FAFSA 資訊，
提供它們本身的助學金，像是只發放給特定學校的獎學金。

> 「讓學生能取得上大學所
> 需的助學金是一回事，設
> 計讓學生有能力填寫的表
> 格是另一回事。」
>
> ——凱斯·桑斯坦
> Cass Sunstein，
> 美國法律學者

需要準備什麼？

要填寫這份表格，你通常需要：

> 你的社會安全號碼。

> 最近一期的所得稅申報表（如果你未滿24歲或被撫養，必須提供你雙親的所得稅申報表）。

> 你在任何一家銀行或券商的近期對帳單。

> 任何其他型態的所得紀錄。

有趣的事實

> 常犯的FAFSA申請錯誤之一是，父母親不小心輸入自己的資訊，而非子女的資訊。

> 一般稱申請這項助學金是「免費」的，因為它的確是免費的。但是，一些抄襲的民間網站，可能還是會設法引誘你付費透過它們申請助學金——注意：申請FAFSA時，絕對不需要輸入信用卡資訊。

重點摘要

> FAFSA是為了取得助學金而必須填寫的申請表格。

> 按時填寫FAFSA表格，有助於取得幾種類型的補助金，包括為減輕家庭負擔而發放的助學金、為獎勵優秀表現而發放的助學金，以及聯邦、州及學校的特定助學金。

FAFSA的真面目：「我們看到你父母吃午餐時加點了酪梨沙拉醬……
想必你不需要任何助學金。」——Napkin Finance ☺

529計畫 * 以美國國內稅收法 第529條命名

什麼是529計畫？

大學儲蓄計畫之一

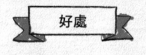

好處

彈性

公立 & 私立大學

所得稅寬減

所得稅 費用

可變更 受益人

任何人 皆可提撥

成長

多數人 符合資格

類型

有趣的事實 -----
可用於烹飪學校！

預付學費
• 鎖定選定大學的學費

大學儲蓄計畫
• 可用於幾乎所有機構

529計畫

529計畫是州政府或教育機構發起的一種稅負優惠型大學儲蓄帳戶，這類計畫有點類似大學基金的401(k)計畫（參見下一章相關段落的介紹），名稱源自批准這類儲蓄帳戶的稅法條款。

類型

529計畫有兩種類型：

> 儲蓄計畫 —— 讓你累積可支付美國幾乎所有大學的學費的資產。

> 預付學費計畫 —— 讓父母親可先以當今的學費費率，鎖定子女未來的教育費用；不過，可能對子女未來的選校造成限制。

不意外的，愈富彈性的儲蓄計畫愈受歡迎。

好處

529計畫可能提供幾項明顯的益處，包括：

> 所得稅寬減 —— 投資到529帳戶的資金，可在免稅的條件下增長，而且只要從這個帳戶提領的資金，是用於符合條件的費用，那些資金也免稅。另外，提撥到這類帳戶的款項，可能也可列入州所得稅的扣除額，這視你選擇哪一州的計畫與你居住的州而定。

> 潛在增長 ——529帳戶的資金可選擇的投資項目通常很多，你的資金可能會因為那些投資而增長。

> 不對提撥人設限 —— 奶奶給你的生日禮金，也可以直接匯入529計畫。

> 鮮少資格限制 —— 即使是高所得家庭，也能夠使用這類計畫。

> 彈性 —— 你可以投資任何一州的529計畫。來自任何一州的529計畫的資金，

可以用在任何一所學校（共 6,000 多所）。

> 可變更受益人 —— 如果某個子女（或其他受益人）最後不想上大學了，你可以將受益人變更為其他任何人，包括你自己。

缺點

這類計畫唯一的顯著缺點是提領限制。如果你提領的資金是用在非教育用途，通常就必須繳納 10% 的罰金，外加提出的資金的所得稅。

有趣的事實

> 529 計畫的資產，也可以用來支付職業學校的學費，包括某些烹飪、表演和按摩治療學校（但不能用於小丑學院）。

> 你可以利用這些資產支付很多海外學校的學費，包括某些位於開曼群島（Cayman Islands）、聖馬丁島（Sint Maarten）和聖約翰島（St. John）的學校的遠距教育費用。

> 父母親幫兒子存的大學教育基金，通常多於為女兒存的大學教育基金。

重點摘要

> 529 計畫可以幫助美國家庭為大學學費儲蓄。

> 受歡迎的 529 儲蓄帳戶，就像專為大學開銷成立的 401(k) 計畫。529 預付學費計畫，讓父母親可以用目前的學費費率，繳納子女未來的教育費用。

> 529 計畫的好處包括：所得稅寬減、彈性，以及可變更帳戶受益人等。

通往大學的道路，並非由黃金打造而成的康莊大道，而是以所得稅寬減打造而成的道路，如果你有 529 計畫的話。——Napkin Finance ☺

清償學貸

如何償還？

償還聯邦貸款

緩慢	標準	快速

降低月付款	相等的月付款	每個月多還一點

降低付款金額的方法

根據所得還款	累進還款	延期或寬限

1	**2**	**3**

 無力償還民間貸款嗎？ 和你的放款人或再融資公司談談吧！

清償學貸

從表面上來看，似乎只有一個方式可以償還你的學生貸款，也就是用你的餘生慢慢、痛苦地償還。實際上，有很多不同的方法可以安排還款，一切取決於你希望盡快清償所有貸款，或是想用更久的時間慢慢償還。

標準選項

美國聯邦貸款的預設還款時程是十年，每一期還款金額相等。如果你畢業後的所得就和一般成年人相同，那當然最好，但有些人剛出社會的那幾年，並不是很有能力償還學生貸款。

如果你背負的是民間的學生貸款，當初貸款時，你很可能已經接受了特定的貸款期間與還款時程。這些條件可能因放款人或因你個人的詳細狀況，例如：你的貸款金額，以及是否有父母簽名等，有極大的差異。

加速還款

如果你有能力，可以考慮不要只是償還貸款的最低月付款（不管是聯邦或民間貸款皆然），因為這麼做能夠幫你省下利息。

如果你是採用多重貸款，可以考慮先多還一些高利率的貸款（或許所有民間貸款都應該優先償還）。

減緩還款速度

如果你不大有能力還款，你的選擇取決於你的貸款屬於什麼類型。以聯邦貸款來說，你的選擇包括：

> 以所得為基準（即視所得而定）的還款 —— 還款金額視所得而定。如果你的薪水

增加，便可以加速償還貸款；若沒有加薪，你也不會被帳單壓垮。

> 累進還款／延長型累進還款 —— 根據這些計畫，初期的還款金額很低，接著漸漸根據一個預先設定的表格增加還款金額。

> 延期／寬限 —— 不管是延期或寬限，你都暫時無須還款，不過必須提出申請並符合資格規定，才能夠延期或寬限。這兩者都不會傷害你的信用分數，所以是比直接缺繳更好的選項。

如果你是在美國公部門工作，在特定期間過後，你可能甚至有資格申請直接寬免你的聯邦貸款。

若你正為了解決民間學生貸款而傷透腦筋，你可以試著和放款人談談，爭取一點暫時的喘息空間，或是看看能否調整付款條件。若對方不願意，你的主要選項將是試著用下列條件辦理再融資：

> 商量較低的利率；整體來說，這或許能讓你的總還款金額減少，使月付額降低。

> 商議較長的還款期限，這將使總還款金額增加，但能夠降低每個月的月付額。

有趣的事實

> 想快速清償你的學生貸款嗎？試著應徵軟體開發人員的工作，因為那通常是應屆畢業生最高薪的職務之一。

> 常見的迷思之一是即使宣告破產，也不可能免除學生貸款；事實上，有40％的宣告破產者成功免除了他們的學貸責任，不過必須符合嚴格的資格規定。

> 歐巴馬夫婦（Barack and Michelle Obama）一直到四十幾歲，才還清他們的學生貸款。

重點摘要

> 你的學生貸款會預設特定的還款結構，例如：美國聯邦貸款的預設還款結構是，十年的還款期間與等額的月付款。

> 如果你負擔得起，每一期多還一點貸款，多少能夠省下一些利息。

> 有幾個選項能讓你獲得一點喘息空間，暫停償還聯邦貸款。

> 民間貸款通常不會提供很多還款選擇，不過再融資可使利率或月付款降低。

誰說鑽石是女人最好的朋友？他顯然未曾體驗過還清學貸時的欣喜感受。

——Napkin Finance ☺

---

4 章節測驗

1. 下列何者不是大學基金的主要來源？
   a. 儲蓄與所得。
   b. 獎學金與補助金。
   c. 政府與民間貸款。
   d. 綁架有錢人家的小孩。

2. 下列敘述正確或錯誤？一般大學生最大的資金來源是貸款。
   ○ 正確　　○ 錯誤

3. 下列敘述正確或錯誤？你就讀的大學的助學金辦公室，能夠指引你找到你應該申請的所有補助金和獎學金。
   ○ 正確　　○ 錯誤

4. 美國的學生貸款包括下列哪兩種類型：
   a. 有擔保與無擔保。
   b. 聯邦與民間。
   c. 生食與烤食。
   d. 霍爾與奧茲。

5. 放款人在判斷是否對某人提供學生貸款時，可能採用下列哪些評估標準？
   a. 你的家庭資產與所得。
   b. 你所聲明的主修科系。
   c. 你的生肖。
   d. 你的 Instagram 追蹤人數。

6. 下列敘述正確或錯誤？民間貸款的條件可能和政府貸款不同，而且較為嚴苛。
   ○ 正確　　○ 錯誤

7. FAFSA 是指：

    a. 一種受歡迎的墨西哥酒精飲料。

    b. 在大學註冊前必須填寫的表格。

    c. 申請助學金時必須填寫的表格之一，但你不一定要填寫。

    d. 一種新型茲卡病毒。

8. 填寫 FAFSA 表格的主要目的是：

    a. 證明你的家庭有能力應付大學成本。

    b. 證明你不是人工智慧機器人。

    c. 評估你上大學的欲望，是否強到足以讓你填完一份令人心煩意亂的表格。

    d. 計算你的家人在某個特定年度預計應幫你提供多少教育支出。

9. 下列敘述正確或錯誤？FAFSA 只用來授予聯邦助學金。

    ○ 正確   ○ 錯誤

10. 最主要的兩種 529 計畫是：

    a. 大學計畫與研究所計畫。

    b. 儲蓄計畫與預付學費計畫。

    c. 民間計畫與聯邦計畫。

    d. 節食計畫與運動計畫。

11. 下列何者不是 529 計畫的好處？

    a. 保證雇主媒合。

    b. 潛在的所得稅寬減利益。

    c. 投資 529 計畫的資金有機會增長。

    d. 可變更受益人。

12. 下列敘述正確或錯誤？你能為自己設立 529 計畫。

    ○ 正確   ○ 錯誤

13. 下列敘述正確或錯誤？你可以利用529計畫來支付職業學校的學費，像是烹飪或表演學校的學費。

　　○ 正確　　　○ 錯誤

14. 如果你目前不大有能力償還學生貸款，你應該：

　　a. 不理會那些帳單，畢竟人生苦短，不必為了那幾張紙傷神。
　　b. 遠走高飛，搬到秘魯去住。
　　c. 和放款人共同商議一個較可行的還款時間表。
　　d. 打造一部時光機，回到過去，改上州立大學，而不是私立大學。

15. 如果你目前不大有能力償還聯邦學生貸款，你可用的選項不包含下列哪項？

　　a. 延期或寬限。
　　b. 根據所得還款。
　　c. 改用累進還款時間表。
　　d. 宣告來一場拇指摔角（thumb war）。

16. 下列敘述正確或錯誤？就算破產，也不能免除學生貸款責任。

　　○ 正確　　　○ 錯誤

解答

1. d	5. a	9. f	13. t
2. f	6. t	10. b	14. c
3. f	7. c	11. a	15. d
4. b	8. d	12. t	16. f

5

退休規劃

退休開銷

退休開銷龐大

居住

健康照護

飲食

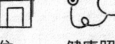

納稅

娛樂

但事前規劃可能有幫助

如何做退休規劃？

- ☑ 401(k)、個人退休帳戶、其他帳戶
- ☑ 社會安全福利金
- ☑ 退休金
- ☑ 住宅產權

投資股票

在工作歲月中，嘗試存下15%的所得

愈早開始愈好

訣竅

充分獲取雇主提撥的好處

為什麼退休老人喜歡佛羅里達？

有趣的事實

因為不徵州所得稅！

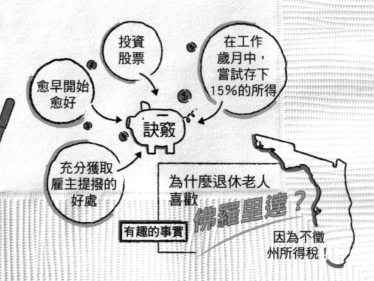

退休開銷

退休看起來似乎是一個既抽象又遙遠的目標 —— 除非你已經獲得財務自由，或是擁有龐大的 401(k) 計畫；若是如此，我太崇拜你了！如果你不從今天開始存錢，別妄想你在六、七十歲時，會有能力在陽光海灘悠哉地品嚐水果甜酒了。

為什麼要做退休規劃？

退休的開銷非常龐大，你退休後的成本可能包括：

> 住宅；

> 納稅；

> 健康照護；

> 娛樂；

> 飲食。

如何做退休規劃？

你退休後的所得與資產可能包含：

> 投資與儲蓄帳戶 —— 包括你存在退休帳戶的資金。

> 社會安全福利金 —— 這是美國政府發放的。*

> 傳統退休金 —— 若你受雇於有提供退休金的雇主。

> 你的自有住宅 —— 如果你的房子是自有的。

> 「退休就好像到拉斯維加斯度長假，目標是極盡享受之能事，又不能揮霍到花光所有錢。」
>
> —— 喬納森・克雷蒙
> Jonathan Clements，
> 財經作家

---

* 台灣為國保老年年金、勞保老年給付和勞工退休金等。

你可以做什麼？

社會安全捐通常是在你還有工作時自動提撥；遺憾的是，你的雇主是否提供傳統退休金，可能就是你無法控制的事。

　　所以，關於個人退休規劃，你能做的主要就是儲蓄，尤其是把錢存到具稅負優勢且能增長資金的退休帳戶。這類帳戶主要包括下列幾種類型：

> 401(k) —— 很多美國雇主都會提供的延稅型帳戶，會延到提領後才課稅（美國非營利機構與公立學校體系的員工，可能是採用 403(b) 帳戶）。

> 個人退休帳戶（Individual Retirement Account, IRA）—— 可自行到金融機構開立的延稅型帳戶。

> 羅斯（Roth）401(k) 與羅斯 IRA —— 和非羅斯 401(k) 與非羅斯 IRA 類似，不過撥入羅斯 401(k) 與羅斯 IRA 帳戶的資金，必須是課稅後的資金，也因為如此，退休後從這類帳戶提領的資金也免稅。

準備訣竅

若你想為退休儲備足夠資金，必須及早擬定計畫，並且投注一些心力。很多專家建議：

> 愈早開始愈好，例如從第一份工作開始，就選擇有提供退休儲蓄計畫的雇主，或是從第一份工作開始，就開立自己的 IRA 帳戶。

> 在工作歲月中，嘗試每年將 15% 的年所得存下來。

> 年輕時，大量投資優質股票，因為長期下來，股票通常可以創造較高的資金增長率。

> 投資和雇主提撥款相當的資金，到你的 401(k) 或其他工作場所退休計畫，以充分獲取雇主提撥計畫可帶來的好處。

有趣的事實

> 為什麼退休老人那麼喜歡佛羅里達州？因為不只有溫暖的陽光和海灘，佛羅里達州也是美國免徵個人所得稅的七個州之一。

> 退休年齡最年輕的國家是阿拉伯聯合大公國（United Arab Emirates），該國國民年滿49歲就有資格領取退休金和退休津貼（放棄原國籍的移民必須等到65歲才能領取）。

重點摘要

> 退休開銷龐大，所以必須從年輕就開始為退休存錢。

> 諸如401(k) 與IRA等稅負優惠型退休帳戶，對很多人來說是最佳的退休儲蓄選擇。

> 從年輕時，就將15％的所得存下來，並且投資大量的優質股票，就能順利達成目標。

退休就像製作舒芙蕾，必須事前規劃。──Napkin Finance ☺

IRA VS. 401(K)

美國兩種普遍的退休儲蓄帳戶

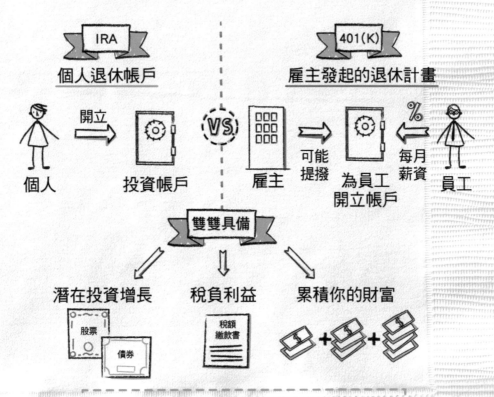

IRA
個人退休帳戶

401(K)
雇主發起的退休計畫

個人 → 開立 → 投資帳戶 VS 雇主 → 可能提撥 → 為員工開立帳戶 ← 每月薪資 ← 員工

雙雙具備

潛在投資增長
股票
債券

稅負利益
稅額繳款書

累積你的財富

不管選擇哪一項，
盡早開始提撥才是王道！

個人退休帳戶（IRA）vs. 401(K) 帳戶

IRA 和 401(k) 是美國兩種普遍的退休儲蓄帳戶。多數在美國民間部門工作的人，至少都擁有其中一種帳戶（政府員工通常有不同選項），而且很多人擁有好幾個不同的退休帳戶。

兩者的差異

雖然這兩種帳戶的最終目的相同，卻有著一些重要差異：

	IRA	401(k)
如何開立帳戶？	到金融機構開立帳戶，存入一些資金。	你的雇主必須發起一個帳戶，你透過人力資源部門報名加入這個帳戶。
如何提撥款項？	將資金匯至你的帳戶。	設定自動薪資扣繳。
何時可開始動用帳戶中的資金？	到年滿59.5歲才可動用，僅少數例外，例如陷入財務困境者。	到年滿59.5歲才可動用，僅少數例外，例如陷入財務困境者。
優點	有非常多投資標的可以選擇。可輕易合併不同帳戶，或是將帳戶轉移到新的金融機構。	免費的資金！很多雇主會在特定金額範圍內，提撥和你本身提撥的金額相等的資金到這個帳戶。

退休帳戶的好處

這兩類帳戶都能帶來非常棒的利益，包括：

> 潛在增長 ——IRA 與 401(k) 帳戶通常都提供特定範圍的投資標的的選項供帳戶持有人選擇，所以長期下來，投入這類帳戶的資金可望增長。

> 稅賦利益 —— 這兩類帳戶都讓你暫時避免就帳戶資金的增長繳納稅金。

> **累積財富的好機會** —— 定期提撥，放手讓帳戶內的資金增長，不管是利用其中哪種帳戶，你的資金都將逐漸累積，幫助你實現退休目標。

有趣的事實

> FIRE 協會是什麼？不是火舞協會或火人祭（Burning Man），而是「財務自由、及早退休」（Financial Independence, Retire Early）運動。這場運動是一群千禧世代所發起的，參與者沉迷於積極存錢，為的就是要早點退休。
> 401(k) 的平均餘額僅略高於 10 萬美元，但你還是有可能成為「401(k) 百萬富翁」，持有餘額達七位數美元的資金。#立定志向，勇往直前！

重點摘要

> IRA 與 401(k) 帳戶是美國兩種主要的退休儲蓄帳戶。
> 兩者的主要差異是：401(k) 必須由雇主發起，而 IRA 是可自行開立的。
> 就退休儲蓄的目的而言，這兩種帳戶都可以是絕佳選項。

你可能會因為 IRA 與 401(k) 帳戶有錢到孫子女不敢不理你。——Napkin Finance ☺

社會安全計畫

什麼是社會安全計畫？

美國政府提供的安全網

政府計畫

津貼

➕ 退休所得
➕ 失能所得
➕ 遺屬津貼
➕ 醫療

退休老人　　遺屬　　　失能者

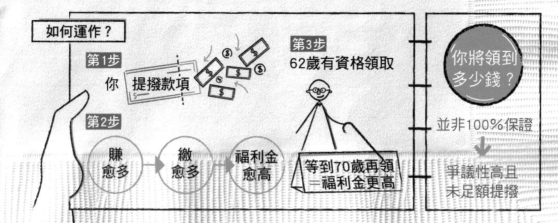

如何運作？

第1步
你　提撥款項

第2步
賺愈多 ➡ 繳愈多 ➡ 福利金愈高

第3步
62歲有資格領取

等到70歲再領
＝福利金更高

你將領到多少錢？

並非100%保證
⬇
爭議性高且未足額提撥

社會安全計畫

社會安全計畫（Social Security）是在民眾失能、達到退休年齡，或符合其他特定資格規定時，由美國政府發錢給民眾的一項計畫。本質上來說，這是一個美國全國性的安全網。

社會安全計畫的運作方式

第1步：在你還是勞動力的一員時就開始提撥。如果你是員工，你將發現自己有非常高比重的薪資，被用來繳納《聯邦保險提撥法案》（FICA）相關提撥款項——美國多數人這個比率為8％，但高薪資所得者的比率更高。這些錢是你對社會安全計畫與聯邦醫療保險（Medicare）的提撥款。

第2步：你一生職涯的薪資所得愈高，繳納到這個系統的資金也愈多，未來的福利金也愈高。

第3步：年滿62歲的人開始有資格領取福利金，不過如果情況允許，等到年滿70歲再提領比較划算，因為到時候每個月可以領取的福利金更多。當你開始領取福利金，通常每個月會收到政府寄來的支票，直到離世那一天為止。

社會安全計畫提供什麼保障？

雖然社會安全計畫最為人所知的好處應該是退休福利金，但它也是其他重要計畫的資金來源，包括：

> 失能福利金 —— 如果你失能，就能領取這項福利金。

> 遺屬福利金 —— 如果家庭的主要所得者身故，配偶或年幼子女可能有資格領取福利金。

> 醫療保險 —— 你的FICA提撥款，也被用作聯邦醫療保險的財源，這項保險是政府為老年人提供的健康保險計畫。

用正確態度看待社會安全計畫

將社會安全福利金視為一小筆額外的現金收入確實很不錯,但絕對不要妄想靠這項福利金安享晚年。這項計畫在政治層面上一向極具爭議——自由主義派人士偏好較穩固的社會安全計畫安全網,而保守派人士則倡議降低福利金與減稅。更何況,這項計畫長年存在財源問題,沒有人敢100%保證,你能夠在退休時領到這項福利金。

有趣的事實

> 你今天提撥到社會安全計畫的資金,被用來支付某地某個退休老人今天的福利金——這意味你將來的福利金,將是以下一個世代的勞動力所提撥的資金來支應。所以,如果我們的生育能力注定朝《使女的故事》(*The Handmaid's Tale*)所講述的狀態發展,因為環境汙染和災害使生育能力驟降,那麼你未來能不能領得到這項福利金,就得看運氣了。

> 如果你入獄服刑,就不能領取社會安全福利金。

> 荷蘭的退休制度,堪稱世界上最棒的退休計畫。幾乎所有勞工都能獲得保障,而且勞工預期將在退休後,每年領到相當於退休前工作酬勞的70%退休金。

重點摘要

> 社會安全計畫是美國政府設置的安全網,目的是支付福利金給老人、失能者與遺屬。

> 想在退休後領取社會安全福利金,就必須在還有工作時,提撥款項到這個系統。

> 社會安全福利金可當作補充退休所得的所得來源之一,但千萬別把它當成你退休後的唯一所得來源。

別傻了!社會安全計畫是年滿62歲以上的人專屬。——Napkin Finance ☺

遺產規劃

什麼是遺產規劃？

你過世後，財產會流落何方？

如何進行遺產規劃？

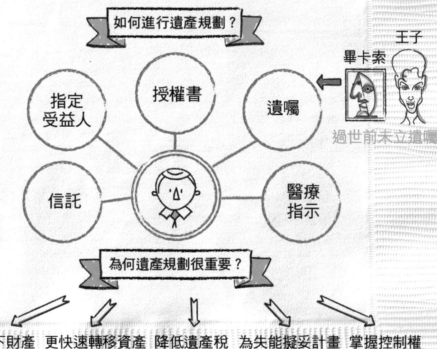

- 指定受益人
- 授權書
- 遺囑
- 信託
- 醫療指示

畢卡索
王子
過世前未立遺囑

為何遺產規劃很重要？

| 為家人留下財產 | 更快速轉移資產 | 降低遺產稅 | 為失能擬妥計畫 | 掌握控制權 |

遺產規劃

遺產規劃是搞清楚你的財產在你離世後將流落何方的流程。在做法上，遺產規劃是先針對你的資產擬定計畫，接著用法律上有效的方式，將你的計畫寫在書面上，法院將確認你的遺囑是否可強制執行。

為何遺產規劃很重要？

基於下列理由，擬定遺產計畫可能非常重要：

> 一旦你發生不測，你的家人可獲得撫養與照料。

> 加速將資產轉移給遺屬，期待藉此避過法院體系的程序。

> 降低稅負。如果你是有錢人，可以使用一些合法策略，降低你離世後的遺產稅。

> 為了防患失能窘境，預先做好規劃。遺產規劃通常也包括以白紙黑字具體表明，若你因失能而無法自主做決策時，你希望怎麼做。

> 掌握控制權。或許你希望確保你最要好的朋友，能夠繼承你最珍視的某些財產，或許你想確保你的前夫或前妻無法得到你最重視的財產，不管是哪種情況，只要做好遺產規劃，你就能夠掌握決定權。

遺產規劃包含什麼？

基本上，遺產規劃牽涉到一批文件，可能包括：

> 遺囑 —— 你將透過遺囑，具體指定誰將獲得你的哪些財產，還有誰應該照顧你的年幼子女（或寵物烏龜）。

> 醫療照護指示或授權書 —— 這些文件可指定誰有權在你無法自主做決定時為你做決定。

> 「我的錢是用老方法賺來的。我在一個有錢親戚臨死之際，竭盡全力善待他。」

——馬爾科姆·富比世
Malcolm Forbes，
《富比世》雜誌發行人

> 信託 —— 如果你超級有錢，或是你的財務狀況比較複雜，將部分資產交付信託，或許是個可行的辦法。
> 指定受益人 —— 有些理財帳戶允許你以書面，指定誰將在你過世後取得這個帳戶（指定受益人的作業很重要，因為被指定的人掌握了凌駕在遺囑之上的力量）。

誰需要遺產規劃？

遺產規劃絕對不是有錢人專屬，如果你有年幼子女，卻沒有訂立遺囑，一旦你不幸身故，可能將任由法院判定誰來照顧你的子女。如果你和同居人沒有結婚，一旦你發生不測，你的同居人有可能落得人財兩失。

有趣的事實

> 歌手王子（Prince）和畢卡索過世時，都沒有訂立遺囑。
> 即使亞伯拉罕・林肯（Abraham Lincoln）是一名律師（也是美國前總統），過世時也沒有訂立遺囑。
> 雖然搖滾樂手吉米・亨德里克斯（Jimi Hendrix）在1970年過世，他的家族內部因遺產而起的法律戰，直到近幾年才落幕，一切只因他過世前沒有訂立遺囑。

重點摘要

> 遺產規劃是決定自己的身後事與擬定書面計畫的流程。
> 如果有人依靠你撫養，遺產計畫就極端重要。不過，對所有希望依照自己的意願處理身後事的人來說，遺產計畫也很重要。

火雞一族最好還是在感恩節前做好遺產規劃。——Napkin Finance ☺

---

1. **你應該何時開始為退休儲蓄？**

   a. 一拿到駕照就開始。
   b. 再參加一年的音樂藝術節就開始。
   c. 滿 50 歲再開始。
   d. 投入人生第一個有提供退休儲蓄計畫的工作就開始。

2. **退休後的所得來源可能應該包括：**

   a. 你持有的比特幣所發放的股利。
   b. 你身為社群媒體影響者的所得。
   c. 社會安全福利金與你的投資帳戶。
   d. 你的反向抵押貸款（reverse mortgage）——貸款者以住家為抵押品，向金融機構借款。

3. **要提高安享晚年的機率，主要應該做下列哪件事？**

   a. 盡可能在還有工作的時期多存一點錢。
   b. 將你的退休儲蓄主要投資到安全的選項，例如債券與儲蓄存款帳戶。
   c. 巴結有錢的親戚。
   d. 買一張躺椅。

4. **要實現退休儲蓄的目標，較穩當的儲蓄率應該是：**

   a. 稅後利潤的 10%。
   b. 投資利得的 20%。
   c. 所得的 15%。
   d. 你用在康普茶（Kombucha）和冷萃咖啡花費的 30%。

5. **最主要的兩種退休帳戶是：**

   a. IRA 與 GLASS 帳戶。
   b. IRA 與 401(k) 帳戶。
   c. 擔保與無擔保帳戶。
   d. 補貼與非補貼帳戶。

6. 誰能提撥款項到 401(k) 帳戶？

    a. 你和你的雇主。
    b. 你和聯邦政府。
    c. 你的雙親與你的繼父母。
    d. 任何已完成 4 次 10 K 路跑的人。

7. 401(k) 與 IRA 的好處包括：

    a. 可在旅行前向旅遊儲蓄協會（TSA）進行行前確認。
    b. 在生日當天幫你按摩背部。
    c. 彈性提領。
    d. 稅負優惠與複利成長。

8. 下列敘述正確或錯誤？你能自行開立自己的 401(k)。

    ○ 正確   ○ 錯誤

9. 社會安全計畫是：

    a. 巨星連恩・尼遜（Liam Neeson）主演的電影。
    b. 寬裕退休生活的保證。
    c. 支付福利金給老年人與失能者的美國聯邦安全網之一。
    d. 小羅斯福總統（Franklin D. Roosevelt）愛貓的名字。

10. FICA 是：

    a. 一種木材。
    b. 信用報告局。
    c. 不斷吸走你的薪資的人。
    d. 為了社會安全計畫的財源而課徵的聯邦薪資稅。

11. 下列敘述正確或錯誤？你的薪資所得愈高，你的社會安全福利金也應該愈優渥。

    ○ 正確   ○ 錯誤

12. 下列何種狀況，可以申領社會安全福利金？
    a. 年滿62歲，不過你可以等到70歲再領，屆時領到的福利金將會更高。
    b. 只要提撥至少五年後便可領取。
    c. 無論年紀，一退休便可申領。
    d. 做過第三次結腸鏡檢查後便可提領。

13. 哪些人該做遺產規劃？
    a. 有錢的老人。
    b. 基本上每個人都該做。
    c. 所有人都不該做，因為科學家即將解開永生之謎。
    d. 蝙蝠俠。

14. 下列何者不是遺產規劃的好處？
    a. 降低稅負。
    b. 讓你得以根據自己的好惡順序，將較多財產分給你喜歡的親朋好友，不留下一毛錢給你不喜歡的人。
    c. 能夠增加遺產的規模。
    d. 確保你的年幼子女或其他被撫養人，將在你發生不測時獲得照顧。

15. 你的遺產計畫可能包括：
    a. 你剩下的社會安全福利金。
    b. 你對每個家族成員的詳細怨言清單。
    c. 你的網際網路搜尋史。
    d. 你的遺囑和指定受益人。

解答

1. d	5. b	9. c	13. b
2. c	6. a	10. d	14. c
3. a	7. d	11. t	15. d
4. c	8. f	12. a	

上沖下洗

股市

股票

什麼是股票？

公司的所有權股份

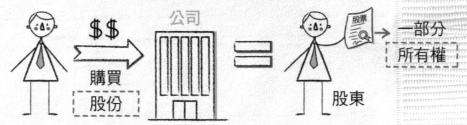

購買 股份 → 公司 = 股東 → 一部分 所有權

為什麼要投資股票？

投資

價差利益 ＋ 股利

如何選股？

考量
- ✔ 現金流
- ✔ 最新消息？
- ✔ 未來利潤？

"首要原則1 絕對不要虧本"

首要原則2 絕對別忘了 原則 #1

巴菲特

股票

第3章介紹過股票，股票是公司的局部所有權，如果你購買一股亞馬遜公司的股票，而亞馬遜公司共有一百萬股的股份，那麼你就擁有該公司百萬分之一的所有權（實際上，亞馬遜有超過五億股的股份）。

為什麼要投資股票？

一般人投資股票的原因，是期待獲得較高的資金報酬率——相對於投資較安全的選項，例如儲蓄存款帳戶。投資人主要透過兩種方式，獲得股票相關的報酬：

> 價差利益——如果你在股價100元時買入某檔股票，它上漲到150元，你順勢賣掉這檔股票，那麼你就會獲得50%的利潤。

> 股利——有些公司會將一部份利潤，以現金股利的形式發放給股東。如果你持有的股票價格為100元，它一年發放四次現金股利，每次發放2元，代表你的報酬將大約是每年8%（4x2÷100）。

為何股價會波動？

你可以將股票市場想成一個巨大的拍賣場，但是這場拍賣永遠也不會結束。亞馬遜及其他所有公開掛牌交易公司的股票，可能每個交易日都被拿到這個拍賣場上銷售，潛在買家和賣家分別提出願意買賣這些股份的開價。

股票價格就是受買家和賣家之間的交互作用驅動。如果某一群投資人認為亞馬遜的股票實際上價值3,000美元，那麼他們可能願意以2,000元購買這檔股票。如果另一群投資人認為這檔股票只值1,500元，他們將願意以2,000元賣掉這檔股票。

投資人對股票價值高低的意見，究竟是怎麼形成的？關於股票價值的最佳評估方法，一般人的見解莫衷一是；不過，最普遍的方法之一，就是估計該公司的未來利潤，接著判斷你願意用多少錢來換取這些利潤。如果和該公司負面發展有關的訊息被媒體揭露，投資人一定會降低對該公司未來利潤的估值，屆時它的股票價格也會下跌。如果被揭露的是好消息，股價則可能會上漲。*

重要用語

下列是幾個和股票有關的必知用語：

> 股利 —— 公司定期發放給股東的錢。並非所有公司都會發放股利，剛成立不久的公司，通常寧可將現金保留下來，做為繼續增長業務之用。

> 每股盈餘（Earnings per share, EPS）—— 一家公司在某個期間的總利潤除以它的股份數，這是估計每一名股東「有權」分配到的利潤。理論而言，投資人實際上領到的股利，並不是這個金額。

> 股價 —— 股票目前在市場上的交易價格。

> 股票、股份與權益 —— 這些用語全部代表同一事物。

> 股票名稱／代號 —— 代表特定公司的股票。如果你想要交易亞馬遜的股票，應該上你的往來券商網站，尋找它的股票代號：AMZN。**

有趣的事實

> 有些美股代號有點好笑，例如：哈雷機車（Harley-Davidson，代號為 HOG，HOG有「閹豬」之意），席伊麗床墊公司（Sealy，代號ZZ，是漫畫中的睡覺符號），以及海尼根啤酒（Heineken，代號HEINY，HEINY有「惡劣、令人作噁」的意思）。

> 「胖手指失誤」（fat-finger error），指交易員在輸入股票的交易資訊時，意外多

---

* 實際情況通常較為複雜，也常有利多不漲，利空不跌的情況。

** 台股為數字代碼。

輸入一個位數等下錯單的情況。例如，有次某個雷曼兄弟交易員在輸入一筆股票交易單時，將300萬英鎊輸入為3億英鎊（3 million 輸入為 300 million），這個小小的舉動，使得倫敦證交所的市值頓時縮水大約300億英鎊。

重點摘要

> 股票代表公司股份的局部所有權。
> 投資人透過股票的股利和價差利益賺錢。
> 投資人對特定公司未來利潤的期望，是驅動該公司股票價格的主要因素。

打電話和券商營業員討論股票時，千萬別把對方掛電話那一刻說的「bye-bye」，當成了「買、買」（buy-buy）喔（唔～好冷喔！）。──Napkin Finance ☺

股票市場

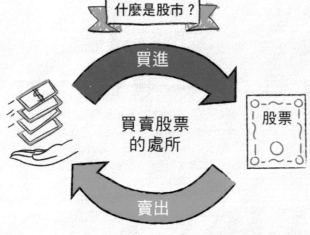

買進

買賣股票
的處所

股票

賣出

有趣的事實！

以20年期間而言，
美國股票
未有虧損紀錄

證交所 ▼
組成股市

如何交易？

例子

買賣撮合

維持順暢的
交易流量

記錄和報導
交易數據

NYSE

+

Nasdaq 那斯達克

股市

股票市場是聚集有意交易股票的買家和賣家的實體與電子市場的總稱。世界上多數（但非全部）的股票交易活動，是透過證交所進行。如果股市像一個巨大的拍賣場，那麼證交所就有點像是個別的拍賣公司。

交易所的運作方式

美國主要的證交所包括：*

> 紐約證券交易所（NYSE）——該交易所有一間實體交易大廳，也透過電子流程處理買賣單。

> 那斯達克（Nasdaq）——這是一個全電子化的交易所。

這些股票交易所的主要功能是：

> 媒合買家與賣家。

> 維持順暢的交易流量。

> 記錄和報導交易數據，讓投資人得以掌握市況。

在特定交易所，投資人只能買賣在該交易所「掛牌」的股票。不過，多數散戶投資人（像你我這種普羅大眾），並不是直接和交易所交易，一般人會開立券商帳戶，由券商為開戶人處理交易相關的技術層面事宜。

促使股市波動的因素

股市其實是由所有個別股票組合而成的。當一檔個股波動，或許是因為投資人估計它的利潤將增加或降低，整體市場就會出現微小的波動（例如1%的1%的1%）。

不過，很多股票經常會因為整體經濟體系的事態演變而齊漲、齊跌，通常會導致市

---

* 台灣的有台灣證券交易所（集中市場）和證券櫃檯買賣中心（櫃買中心）。

場發生波動的某些整體事態演變，請見下列表格。

經濟成長	較高經濟成長＝較高企業獲利＝股票上漲 較低經濟成長＝較低企業獲利＝股票下跌
利率	較高利率＝股票下跌 較低利率＝股票上漲
稅率	企業獲利的稅負降低＝股票上漲 企業獲利的稅負上升＝股票下跌
通貨膨脹	嚴重通貨膨脹或緊縮＝較高的不確定性＝股票下跌 溫和或穩定的通貨膨脹＝較低的不確定性＝股票上漲
其他國家的經濟成長	較高的經濟成長率＝企業對其他國家的銷售較多＝股票上漲 較低的經濟成長率＝企業對其他國家的銷售較少＝股票下跌
衝擊性事件	恐怖攻擊、重大天氣事件或其他大型衝擊性事件＝較高的不確定性＝股票下跌

有趣的事實

> 華爾街（Wall Street）的名稱由來：17世紀，荷蘭殖民者為了防止英國人入侵的潛在風險，在紐約市下曼哈頓興建了一道牆（wall），這就是 Wall Street 的由來。

> 經過數百年後，一群本地商人在華爾街上一棵著名的美國梧桐樹下簽署了一份協議，自此華爾街才成為正式的金融中心。這份《梧桐樹協議》（Buttonwood Agreement）正是 NYSE 的前身。

> 雖然在特定年度，美國股票可能虧損，甚至連續虧損很多年，但是後來總是會反彈。以二十年期間來看，標普 500 指數從未出現負報酬率。

重點摘要

> 證交所將買家和賣家串連在一起,讓交易得以順暢進行。

> 股市由所有個股組成,所以當個股波動,市場也會波動。

> 經濟成長、利率、稅率和通貨膨脹,可能影響股市的波動。

90%的成年人一聽到計畫取消就很激動,也有90%的成年人假裝自己了解股市。

——Napkin Finance ☺

牛市或熊市

什麼是牛市或熊市？

代表股市現況

牛市（多頭市場）
股市處於上漲階段

- 經濟日益擴張
- 失業率降低或持穩
- 平均延續9年

熊市（空頭市場）
股市處於下跌階段

- 經濟日益萎縮
- 失業率上升
- 平均1年

華爾街這麼描述貪婪

✓ 多頭賺錢
✓ 空頭賺錢

➡ 豬頭
任人宰割！

牛市或熊市

看見這些字眼，你或許以為華爾街像是競技場，實際上當然沒有公牛或熊，這些名稱是交易員用來形容股市表現的術語。

牛市

「牛市」（bull market）是形容股票大致上漲的狀況，通常和下列情況並存：

> 經濟成長，即經濟「擴張」。

> 失業率降低或持穩。

> 企業獲利上升。

> 通貨膨脹穩定或上升。

有時，你可能也會聽到別人說某位專家「看多」（bullish）市場或某檔個股，那表示他認為市場或特定個股可能上漲。

熊市

「熊市」（bear market）是指股票大致下跌的期間，更具體來說，在熊市階段，主要股票指數下跌至少20%（當跌幅低於這個數字，可能被稱為「修正」，而非熊市）。熊市傾向和下列情況並存：

> 經濟活動衰退，即經濟「萎縮」。

> 失業率上升。

「在空頭眼中，再低的價格都不算過低；在多頭眼中，再高的價格都不算過高。」

——不可考

> 企業獲利減少。

> 通貨緊縮，或通貨膨脹不穩定。

牛市和熊市之分，對你有何意義？

雖然前述定義讓股市的表現顯得好像有條有理、井然有序，但現實世界的股市卻混亂得很。當股票連續幾天下跌，可能是一個新熊市的開始，但市場也可能在連續幾天表現怪異後，恢復持續上漲的走勢。

投資人為了判斷何時該賣出或買進股票，總是費盡心力猜想高低點；但事實上，沒有人有能力每次都準確預測到那些轉折點。不理會牛市和熊市何時將展開或結束，長期堅定不移持有部位的投資人，獲得的績效多半比試圖猜測牛、熊市轉折的投資人好。

> 「搭雲霄飛車時唯一會受傷的人，是選擇跳出去的人。」
>
> ——保羅‧哈維 Paul Harvey，
> 已逝美國廣播節目主持人

有趣的事實

> 牛市的平均延續期間為9.1年，牛市的市場報酬率平均達獲利480%。

> 熊市的平均延續期間為1.4年，熊市的市場報酬率平均為虧損41%。

> 採用「牛」或「熊」來形容市場表現的原因，和這兩種動物的攻擊方式有關：牛發動攻擊時，會抬起牠們的角，而熊則是向下揮舞熊掌。

重點摘要

> 牛市是股票大致上漲的時期，此時經濟表現良好。

> 熊市是股票大致下跌的時期，此時經濟表現疲弱。

> 在完美世界裡，你能夠預測得到股票何時反轉，所以能夠及時將所有利潤落袋為安，不會產生任何虧損。但在現實世界，最好的方法通常是不要理會漲跌，按兵不動。

「牛市就像二十多歲年輕人的新陳代謝；熊市就像五十多歲大叔的頭髮。」

——Napkin Finance ☺

共同基金

什麼是共同基金？

投資人

收回資金 → 投入資金

共同基金

報酬 ← 取得

金融市場

債券　股票

證券

投資

好處

有能力負擔　分散投資　容易出清變現　專業管理　受嚴格監理

共同基金

共同基金是一種為了購買一籃子投資標的，集合眾多投資人的資金專業化管理的基金。

你可以這麼想：自行挑選你想要投資的股票和債券，有點像是自己下廚，你必須設法選出優質食材，發揮廚藝將這些食材結合在一起，還要設法確保飲食均衡。投資共同基金，就像是聘請一位你負擔得起的個人主廚，由專業人士負責為你進行飲食規劃，以及所有跑腿和烹煮的工作。不過，你還是需要確認對方端上桌的飲食，是否符合你的健康標準，而且要留意別被敲竹槓了。

共同基金如何運作？

第1步：投資人購買共同基金的股份（俗稱基金單位數）。

第2步：基金將眾多投資人的資金集合在一起，用這筆錢購買一整個組合的投資標的，通常是股票和債券。

第3步：基金會將收到的股利、利息和利得返還給投資人，投資人可以選擇將這些收入再投資到基金。在投資基金之初，就可以選擇如何處理這些收入，但選項通常可以隨時更新。

第4步：投資人可以隨時出清這檔共同基金，換回現金。

買基金的好處

共同基金是一種相當受歡迎的投資選項，因為共同基金提供：

> 專業管理——將眾人的資金集合在一起後，共同基金就有財力聘請最優秀的經理人，有些基金甚至會雇用龐大的研究人員與分析師團隊。

> 分散投資——很多基金持有上百檔、甚至上千檔個別證券，所以投資人只要購買一至兩檔共同基金，就足以建立充分分散投資的投資組合。

> 流動性 —— 雖然你無法像交易股票那樣頻繁交易共同基金，但你通常可以在任何一個市場交易日購買或贖回基金。
> 財力負擔得起 —— 很多基金接受幾百元或幾千元的初始投資金額。共同基金的手續費各有差異，但多半比典型的避險基金便宜，而且最便宜的基金，只收取相當於投入資金的萬分之幾的費用。
> 監督管理 —— 共同基金必須定期申報持有的投資標的，每天報導基金所有投資部位的價值（即基金淨值），同時必須時時刻刻遵守基金的投資限制。所以，基本上，共同基金不大可能羅織類似馬多夫（Bernie Madoff）那樣的騙局。

共同基金的類型

市面上有投資到各式各樣事物的共同基金，包括：

> 股票型基金 —— 投資到股票。
> 債券型基金 —— 投資到債券。
> 貨幣市場基金 —— 投資到非常安全的短期債券。
> 平衡基金 —— 投資股票與債券的組合。
> 目標期限基金（target-date fund）—— 投資到一個充分分散投資的投資組合，這種基金的投資風格，會隨著你愈來愈接近退休而變得愈趨保守。

有趣的事實

> 一位名叫哈利・馬可波羅（Harry Markopolos）的數字天才非常有警覺性，曾多次警告美國監理單位留意馬多夫的基金是一場騙局，包括 2005 年一封名為「世界上最大避險基金是一場騙局」的信件。但監理單位對他的警告充耳不聞，最後馬多夫的基金在 2008 年崩潰。

> 世界上最古老的共同基金,是MFS麻州投資人信託基金(MFS Massachusetts Investors Trust Fund),成立於1924年。

重點摘要

> 共同基金為購買一個分散投資的證券組合,集合投資人的資金。
> 共同基金的好處包括:專業管理、容易分散投資、相對低的手續費,以及強而有力的監理。
> 共同基金可投資各式各樣的資產,特定基金的風險高低,或是報酬率的高低,取決於它持有的投資標的。

投資分散投資的共同基金,來降低你的投資風險。投資健身房會員,
來降低你長出腹部肥肉的風險。——Napkin Finance ☺

ETF
指數股票型基金（EXCHANGE-TRADED FUND）

什麼是ETF？

集合

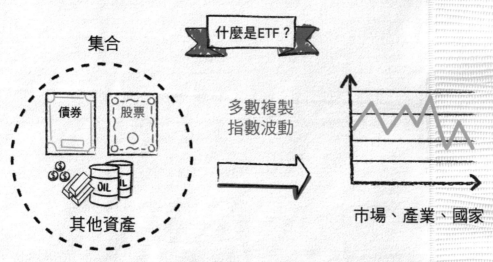

債券　股票

其他資產

多數複製
指數波動

市場、產業、國家

ETF VS. 共同基金

一項主要差異！！！

ETF
在交易日盤中
買進、賣出

共同基金
一天只能
交易一次

ETF

指數股票型基金（exchange-traded fund, ETF）和股票一樣，都是在證交所掛牌交易，但是除此之外，ETF和共同基金比較類似。一如共同基金，ETF也是由專業人士管理的一籃子投資標的，投資人可以藉由投資這類基金，建立一個廣泛分散投資的投資組合。

ETF vs. 共同基金

下列是兩者的主要差異：

ETF	共同基金
ETF股份和股票一樣，在交易所掛牌交易。這意味著在任何一個交易日，它的價格可能會上漲或下跌。	這些基金的股份一天只計值一次，同一天內的價格不會變動。
在一整個交易日內，能夠隨時買進與賣出，就像股票一樣。	一天只能購買或贖回股份一次。
多數ETF是指數型基金，這意味著這類基金的績效和指數的績效類似，不是試圖勝過市場。	有些是指數型基金，但很多是積極管理型基金，基金經理人會試著只選擇最佳投資標的。
通常只要你繼續持有基金股份，只會產生非常微小的稅負支出。	即使你長期持有基金股份，還是可能衍生龐大的稅負支出。

為何人氣很高？

近幾年，ETF變得異常受歡迎，原因有幾個：

> 指數型投資（index investing）蔚為風潮。
>> 有相當充分的證據顯示，平均來說，投資指數型基金的投資人獲得的績效較好。

但有趣的是，指數型基金的目標，只是要追求與市場等量齊觀的報酬；相較之下，積極管理型基金的目標，其實是希望創造打敗市場的報酬（實際上的績效卻比不上ETF）。

> 手續費甚至比共同基金低。
> > 雖然你可以購買手續費較低的指數型共同基金，但指數型ETF的手續費甚至更低，而較高的手續費＝較低的報酬率。

> 最初投資金額很低。
> > 一開始，就算只投資一股也可以（共同基金可能要求起碼千元起跳的最低最初投資金額）。

> 幾乎所有投資標的，都有ETF可以投資。
> > 一如共同基金，ETF可能持有傳統的股票與債券。你也可以利用ETF投資更廣泛的標的，例如：市場上有一些持有實體黃金的ETF，也有隨著石油價格每日起伏漲跌的ETF，另外還有只投資生技股的ETF。

有趣的事實

> SPDR黃金ETF持有大約七萬根金條（每根重400盎司，大約11.34公斤），這些金條存放在匯豐控股公司（HSBC）位於倫敦的金庫，該基金每年聘請一家公司來清點金庫中的金條，以確保金條數量正確（暑期工讀的機會來了）。
> 美國幾乎有4兆美元的資金投資到ETF。
> ETF的世界可能會變得愈來愈詭異，例如：肥胖ETF（Obesity ETF）、全球X世代主題ETF（Global X Millennials Thematic ETF），以及醫療股份皮膚病與傷口照護ETF（HealthShares Dermatology and Wound Care ETF）等。

重點摘要

> ETF和共同基金很類似，但ETF在證交所掛牌，整天都可以交易，這點和共同基金不同。

> 多數ETF是指數型基金，這意味著ETF追蹤特定指數的績效，例如標普500指數。

> 近幾年ETF大受歡迎，因為投資人將資金轉移到指數型投資標的，也因為ETF的成本較共同基金低，稅負利益相對較高。

想追求樂趣，就投資ETF。*

*但樂趣的定義，可能因人而異。——Napkin Finance ☺

債券

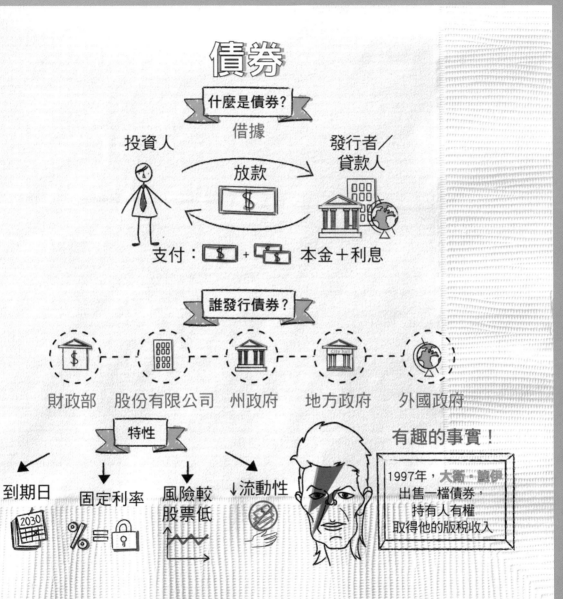

什麼是債券?

借據

投資人

發行者／貸款人

放款

$

支付: $ + 本金＋利息

誰發行債券?

財政部　股份有限公司　州政府　地方政府　外國政府

特性

到期日　固定利率　風險較股票低　↓流動性

有趣的事實!

1997年,大衛‧鮑伊出售一檔債券,持有人有權取得他的版稅收入

債券

債券實際上就是一種借據。當你購買了一檔債券，便成為發行這檔債券的實體的放款人。通常貸款人會定期支付某個特定金額的利息給你，當這檔債券到期，便會將原始投資金額（即債券的本金價值）返還給你。

特質

債券具備一些不同於股票的主要特質：

> 固定利率 —— 多數債券支付的利率固定不變。如果一檔債券的面額為1,000元，利率為5%，代表它一年支付50元的利息（1000x0.05）。

> 到期日 —— 有些債券是三十年後到期，有些是一年後到期。多數債券會在具體言明的期末日期，將原始投資金額返還給債券持有人。

> 信用評等 —— 信用評等作業是評估一個特定的債券發行者如期支付利息與本金的可能性。

> > 最高等級的債券是「AAA」評級。

> > 低評等的債券稱為「垃圾債券」（junk bond）。這類債券的利率較高，但因為這些債券的發行者是財務有疑問的企業，所以違約可能性較高。

> 較低風險與較低報酬 —— 債券報酬通常低於股票，風險也低於股票。

> 不容易買賣 —— 股票可輕易透過任何一個大型券商交易，但你可能很難以自己的名義購買個別債券，而且當你必須出售那些債券，可能無法以理想價格賣出（因為特定債券的流動性偏低）。

類型

債券的主要種類包括：

> 美國國庫證券 —— 聯邦政府發行。你經由美國財政部（國庫）取得的利息收入，可獲得州及地方的所得稅寬減。

> 市政債券 —— 由州及地方政府和相關的實體發行。通常這類債券的利息收入，可以獲得聯邦所得稅寬減，有時甚至能獲得州及地方所得稅寬減。

> 公司債 —— 股份有限公司發行。這種利息收入，無法享受任何所得稅寬減。

有趣的事實

> 已逝搖滾樂手大衛‧鮑伊（David Bowie）在1997年出售一檔債券，持有人有權取得他的版稅收入，利率是8％。

> 迪士尼、可口可樂和阿根廷與奧地利等國家，都曾經發行一百年期的債券。

重點摘要

> 債券是債務的一種，當你購買了一檔債券，你就成為放款人，債券的發行者成為貸款人。

> 債券通常支付固定利率，在特定日期到期。

> 債券的風險通常低於股票，報酬也比股票低。

彼得‧潘（Peter Pan）和債券之間的差異是：債券終將到期（mature），並支付你一筆錢；彼得‧潘是個永遠長不大的男孩，遑論成熟（mature）。——Napkin Finance ☺

什麼是IPO？

什麼是IPO？

股票首次公開發行

臉書 IPO

最初
38美元／股
後來3倍

私營企業

老闆

向大眾
出售股份

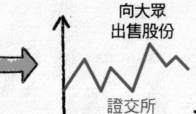

證交所

公開
掛牌企業

股東

為什麼要辦理IPO？

集資　　提高　　建立　　讓內部人得以　　吸引
　　　　知名度　信用度　「拿股票換鈔票」　頂尖人才

什麼是IPO？

「股票首次公開發行」（initial public offering, IPO），是指一家企業的股份開始在某證交所交易，讓一般人可以開始投資該公司，也稱為「公開掛牌」。

IPO的流程

第1步：某企業一開始是私營企業，意思是它的股票不能公開交易。此時，公司的股份多半掌握在諸如創辦人或員工等內部人（insider）的手中。

第2步：該公司決定公開掛牌。於是，它聘請一家投資銀行協助釐清相關細節，例如：將以什麼價格出售多少股份等。

第3步：該公司向監理機關申報S-1等報表。這份表格就像該公司計畫將股票公開掛牌的一種預告書，表格內容包括預估集資金額、該公司的財務狀況等詳細資訊。

第4步：前述投資銀行買下該公司即將對外銷售的一整批股份。

第5步：到了IPO日，該公司的股份開始在它掛牌的證交所交易，而投資銀行將先前買下的那一整批股份賣給一般大眾。

為什麼要辦理IPO？

企業安排股票公開掛牌的主要目的，是為了募集擴展業務所需要的資金，其他理由還包括：

> 讓內部人得以「拿股票換鈔票」——早期員工可能持有公司非常多且寶貴的股權部位，但沒有管道出售這些股權。IPO後，這些元老級人物終於能夠賣出持有股份〔並且抱著換回的鈔票，直奔特斯拉（Tesla）的經銷商。〕

> 取得炫耀資本——企業可能希望藉由讓公司股份在主要交易所掛牌交易，獲得一定水準的信用度與名望。

> 提高知名度——大型、高調的IPO，能夠吸引潛在投資人對公司產生高度興趣。

> 吸引人才 —— 當一家企業的股份公開掛牌交易，就比較有空間以股票獎酬計畫來吸引員工，使該公司成為更能吸引人才的工作場所。

IPO vs. 次級市場發行

一家企業在完成IPO後，還是能夠出售更多股份，這種售股行為稱為「次級市場發行」（secondary offering），但通常次級市場發行案件不會像IPO那麼轟動。

有趣的事實

> 當一家企業在紐約證交所辦理IPO，該公司的高階執行主管就能在股票掛牌當天，到紐約證交所的交易大廳敲響開盤鐘。

> 即使是優異的IPO案件，也可能造就表現差勁的股票，而奇差無比的IPO案件，也可能造就後來表現優異的股票。Snapchat公司的股票在掛牌交易當天上漲了44%，但是在接下來幾年，下跌了超過75%。臉書的股票在掛牌交易的第一天下跌，但在接下來幾年上漲了大約300%。

> 企業也可能在不進行IPO的情況下公開掛牌，Spotify公司便是如此，2018年進行了所謂的「直接掛牌」（direct listing）。這麼做的缺點是，直接掛牌不允許企業募集新資金，只讓現有投資人拿股票換鈔票。不過，這麼做也有優點，由於直接掛牌案件比較少天花亂墜的公開宣傳活動，所以這種股票掛牌後的價格波動程度傾向於較IPO股票低。

重點摘要

> IPO是指一家企業的股份開始在股市交易，也稱為「公開掛牌」。
> 企業公開掛牌的目的是要集資，但也可能利用這個機會來提高知名度，或是讓現有投資人拿股票換鈔票。

如果你在谷歌IPO時就買，你現在可能已經有能力聘請一位管家，
幫你打理各種生活上的疑難雜症。* ——Napkin Finance ☺

---

* 谷歌在2004年8月19日掛牌時每股85美元，一路上漲至今（2021年1月）破1,900美元。

期貨

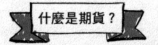

什麼是期貨？

同意在未來的預定日期
以預定價格購買一項投資資產的協議

有趣的事實！
連這些事物
也有期貨交易：
• 降雨量
• 選舉結果
• 電影票房

期貨的類型

原物料商品

貴金屬

市場指數

外匯

債券

期貨的用途

避險　　　　　　　　投機

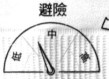

降低風險

賭價格的漲跌

期貨

期貨合約是一種約定好將在預先議定的某個未來日期,以預先議定的價格,購買特定投資標的的協議。

和選擇權不同的是,期貨合約是一種義務。如果你介入一項期貨合約,就必須依照約定履行交易承諾,但選擇權的買方可以選擇是否真的要使用這項選擇權。

期貨的運作原理

假設你簽定一項將在未來三個月內以1,500美元購買一盎司黃金的期貨合約,再假設你在簽定這項合約時,黃金的交易價格是每盎司1,400美元。

簽定這項合約後,黃金的價格將每天漲漲跌跌。如果在這項期貨合約到期時,黃金的價格高於1,500美元,你就能夠獲利。如果這項合約到期時,黃金的價格低於1,500美元,你就會發生虧損。

有些期貨合約的買賣雙方會在簽定合約時,約定採用所謂的「實物交割」(physical delivery)條件。在這種情況下,沿用前面黃金的例子,你將在三個月結束後,收到一盎司黃金。不過,期貨交易的雙方,經常是以現金進行交割;在這種情況下,你將在三個月結束後,收到或支付一筆與合約的利潤或虧損相等的現金。

市場上有什麼樣的期貨可以買賣?

和選擇權一樣,市場上有以各式各樣標的資產為目標的期貨合約可以買賣,包括:

> 原物料商品,例如小麥或玉米。
> 貴金屬,例如黃金或白銀。
> 股票市場指數。
> 外匯。
> 債券。

期貨的用途

期貨的兩大用途是：

> 避險 —— 如果你是農民，你知道六個月後作物收成時，將需要出售幾噸的玉米，那麼你可以今天就賣出玉米期貨，這樣一旦玉米價格突然崩跌，你就不會受到傷害。

> 投機 —— 如果你只是因為想賭一下玉米價格將上漲或下跌而介入玉米期貨，那麼你的行為就稱為市場投機行為。

有趣的事實

> 市場上有以降雪量與降雨量、電影票房，以及選舉結果等為交易標的的期貨。

> 和股票交易不同的是，期貨領域的交易中心是芝加哥的芝加哥商品交易所（Chicago Mercantile Exchange, CME），而美國股票的交易中心主要位於紐約。[*]

重點摘要

> 期貨合約是一種以事先協議好的價格，在事先協議好的未來的某個日期，購買或出售特定標的資產的協議。

> 如果你簽定一項在未來購買某項資產的期貨合約，那麼若這項標的資產的價格上漲到你事先議定的期貨價格以上，你將會賺錢。

> 期貨的主要用途是避險與投機。

避孕是最基本的期貨投資。——Napkin Finance ☺

---

[*] 台灣的期貨交易中心為台灣期貨交易所，股票的交易中心則為台灣證券交易所。

選擇權

以特定價格購買或出售某標的物的權利

 買! **＊選擇權≠義務＊** 賣!

選擇權的類型

買權＝購買的權利	**賣權＝出售的權利**
若價格 $ ↑ 可能獲得巨額利潤	若價格 ↑ 最多只會損失已付權利金§
若價格 § ↓ 最多只會損失已付權利金	若價格 ↓ 可能獲得巨額利潤 $

選擇權用於

股票　　ETFs　　外匯　　指數　　債券

選擇權

選擇權（option）是一種可用特定價格購買或出售某項投資資產的權利，但非義務。

選擇權的類型

選擇權有兩種類型：

類型	說明	什麼情況獲利？
買權（Call）	讓權利持有人得以用某個預定價格購買某項投資資產的權利。	若標的投資資產漲價。
賣權（Put）	讓權利持有人得以用某個預定價格出售某項投資資產的權利。	若標的投資資產跌價。

上列是購買選擇權（也稱為「做多」選擇權）時的基本機制，投資人也可以出售選擇權（也稱為「放空」選擇權）。如果你是放空，你的目標通常是透過出售每一筆選擇權時所收取的權利金來獲利。

主要用語

下列是所有選擇權部位都具備的幾項主要元素：

> 標的資產（underlying asset）── 也就是做為選擇權發行基礎的投資資產。如果你購買蘋果公司股票的買權，這項選擇權的「標的資產」就是蘋果公司的股票。

> 權利金（premium）── 選擇權買方支付給選擇權賣方的預付成本。

> 履約價格（strike price）── 你可以購買（以買權而言）或出售（以賣權而言）標的投資資產的價格。

> 到期期間（expiration）── 距離選擇權到期的時間，在到期以前，你都可以使

用這項選擇權。

> ~~價內／外程度（moneyness，又稱價值狀態）~~── 如果你今天履行一項選擇權會有利潤入帳，它就稱為「價內」（in the money）選擇權；如果你今天履行一項選擇權會發生虧損，它就稱為「價外」（out of the money）選擇權。

哪些標的資產有選擇權可以買賣？

你可以購買很多種類標的資產的選擇權，包括：

> 個股
> ETF
> 外匯
> 股票市場指數
> 債券

有趣的事實

> 選擇權交易的術語有時很怪異。一般人可從事的選擇權交易形式非常多，包括「上下限」（collars）、「跨式」（straddles）、「勒式」（strangles）與「價差」（spreads）交易等，不勝枚舉。

> 雖然衍生性金融商品（例如選擇權），通常被視為較積極的投資標的，但也經常被用於保守的投資方法。例如，為了規避市場下跌的風險，針對已持有的股票購買賣權，就是一種保守的投資方法。

重點摘要

> 選擇權讓投資人有權利（或選擇權）用預先議定的價格，購買或出售一項具體的投資標的。

> 選擇權有兩種類型：買權和賣權。如果你買進買權，如果標的投資資產漲

價，你就有利可圖；若你購買賣權，則能在標的投資資產跌價時，獲得利潤。

> 投資人可針對各式各樣的投資資產購買或出售選擇權，不過選擇權通常被用作股票的衍生性商品。

不是只有單身辣妹或帥哥才有選擇權。——Napkin Finance ☺

外匯市場

國**外匯兌**市場

什麼是外匯市場？

投資人買賣各國通貨的
非正式全球網路

以任何一項通貨兌換另一項通貨

$\$ \rightleftarrows €$ £$\rightleftarrows$¥   ₹$\rightleftarrows$฿

外匯市場的使用者

政府

外匯交易商

大企業

投資人

普通人

外匯市場

外國匯兌市場，簡稱「外匯市場」，是投資人購買與出售各國通貨的市場。

外匯交易和股票市場不同，股票市場的投資人是透過交易所買賣股票，而外匯市場的交易則是透過櫃檯買賣（over-the-counter）市場進行。這意味著外匯市場是由買家與賣家組成的一個非正式網路所構成，投資人通常透過外匯交易商進行交易。

基本概念

基本上，你可以經由交易商，在外匯市場上以任何一項通貨來交易另一項通貨。

要購買或出售一項通貨，就必須支付或取得另一項不同的通貨，也因如此，外匯的報價總是成雙成對的。舉個例子，你可以用人民幣來購買美元，或者用歐元購買英鎊，幾乎任何組合都可能發生。

外匯市場的使用者

外匯市場上有各式各樣的參與者，包括：

> 政府 —— 各國央行或其他政府實體，可能會為了影響本國通貨的價格，或是緩衝本國物價變動的起伏程度，交易各國通貨。

> 交易商 —— 大型金融機構會為客戶進行外匯交易，也可能進行自營外匯操作。

> 大型企業 —— 如果一家德國企業在美國銷售商品，可能需要將它取得的美元收入轉換為歐元，那代表該企業必須經由外匯市場完成這項通貨的轉換。

> 投資人 —— 大型投資人與小型投資人，都可能針對不同通貨的價格波動進行投機操作，也可能為了投資另一個國家而需要進行外匯交易。

> 普通人 —— 當你到另一個國家度假或出差，而且需要在抵達（或離開）時進行通貨兌換，你勢必會透過外匯市場進行這些交易。

驅動外匯價格的因素

外匯價格的波動，可能受到下列因素驅動：

> 利率 —— 較高的利率，經常會驅使一國通貨的價格上漲（即升值）。
> 通貨膨脹 —— 較高的通貨膨脹，通常會促使一國通貨的價格下跌（即貶值）。
> 經濟成長 —— 經濟成長率較高的國家，傾向吸引投資人介入，這將促使該國通貨價格上漲。

有趣的事實

> 全球外匯市場的平均日交易量超過 5 兆美元，所以是世界上最大的市場，比股票市場大好幾倍。
> 世界上有 180 種不同的通貨（還不包括加密貨幣）。最新的通貨是南蘇丹鎊（South Sudanese pound），2011 年才發行。

重點摘要

> 外匯市場是促進外匯交易的非正式機構與交易商網路。
> 外匯交易通常是成雙成對的，因為投資人通常是以某一項通貨來兌換另一項通貨。
> 各國政府、大型企業、金融機構與投資人，都是外匯市場上的主要參與者。

世界上只有奈及利亞的王子，會以電子郵件推銷外匯投資。——Napkin Finance ☺

原物料商品

可交易或用來製造商品的原料

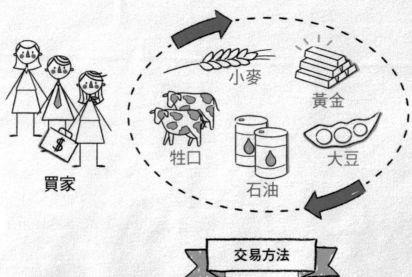

買家

小麥

黃金

牲口

石油

大豆

賣家

交易方法

現貨市場

現在買進

期貨市場

現在達成協議　　未來買進

原物料商品

原物料商品就是原料，這些商品是用來製造多數日常生活用品的原料或成分，從製造襯衫的棉花、製造汽車的鋁，乃至杯子裡的咖啡等，都屬於原物料商品。

原物料商品的主要類型

下列是原物料商品的主要分類與項目：

農產品	能源	金屬
• 玉米 • 小麥 • 大豆 • 咖啡 • 棉花 • 稻米 • 牲口	• 原油 • 天然氣 • 汽油 • 煤炭 • 熱燃油	• 黃金 • 銅 • 鋁 • 鋼鐵 • 鐵礦砂 • 白銀 • 白金

交易方法

投資人可在特定交易所買進與賣出原物料商品，交易方式與股票類似。在美國，多數原物料商品交易是在芝加哥期貨交易所（Chicago Board of Trade, CBOT）或紐約商品交易所（New York Mercantile Exchange, NYMEX）進行。

在這些市場上，原物料商品的主要交易方式有兩種：

> 現貨市場（spot market，又稱為現金市場）——

>> 雙方之間的交易直接且即刻發生。

> 如果你同意在現貨市場上買進黃金，就必須即刻交付現金，賣方也多少必須立刻將實體黃金交付給你。不過，這些交易的所謂「交割」（settlement）作業，有可能要幾天才能完成。

> 期貨市場——
> 你今天同意將在未來的某個日期完成一筆交易。
> 你可能在今天同意將於未來三個月內，以一個特定價格買進一盎司的黃金。當雙方彼此同意的交易日到來，身為買方的你，必須支付一開始同意支付的價格（即使黃金跌價），賣方也必須接受以那個價格賣出一盎司黃金（即使當前黃金變貴了）。

原物料商品價格的波動性可能遠大於股票，在這個市場上，較大型的參與者通常是機構法人、農夫和專業投資人，散戶投資人通常是小型參與者。

有趣的事實

> 1958年，紐約有一名農夫企圖買光全美各地的所有洋蔥和洋蔥期貨，以達到壟斷市場的目的。這促使美國國會根據《洋蔥期貨法》（Onion Futures Act），禁止洋蔥的期貨交易。
> 世界上第一個原物料商品交易所，最早可追溯至17世紀的日本，也就是日本武士階級和稻米經紀商在西元1697年成立的堂島米市場。

重點摘要

> 原物料商品是可用來交換或交易的商品，這些商品被用來製造我們平日購買與使用的日常用品。

> 原物料商品包括：玉米、稻米、石油、天然氣和銅。

> 原物料商品通常以期貨的形式交易，「期貨」是指投資人為了鎖定價格，購買可在未來某個日期取得特定數量之特定原物料的一項契約。

原物料商品是生冷的，
就像咖啡豆或是我在喝咖啡之前的感受。──Napkin Finance ☺

量化寬鬆（QE）

聯準會為協助重啟經濟活動而購買債券的一種工具

如何運作？

| 聯準會
購買債券 | 債券
價格上漲↑ | 利率
下降↓ | 貸款或投資
成本降低 |

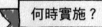
何時實施？

2008-2009年
全球金融危機

2020年
新冠病毒疫情引發經濟衰退

利與弊

- 製造通貨膨脹上升的風險
- 但多數經濟學家認為 QE有效達到目的！

量化寬鬆（QE）

「量化寬鬆」（quantitative easing, QE），是指美國聯準會（the Fed）或另一國的中央銀行購入大量債券。量化寬鬆是經濟需要提振時，聯準會和各國央行試圖為經濟體系提供助力的可用貨幣政策工具之一。

量化寬鬆的運作原理

量化寬鬆藉由降低長期債券的利率來達到目的，下列是相關步驟：

第1步：The Fed開始在債券市場購買大量債券，購買金額動輒數千億美元。

第2步：這項作為製造了足以推升債券價格的大量新需求。

第3步：債券價格與利率總是反向波動，所以當債券價格上漲，利率便會降低。

利率下降後，企業與消費者舉借貸款與投資的成本就會減少。一旦借貸行為與投資活動成長，就能夠幫助經濟體系漸漸恢復動能，翻轉衰退的狀態。

量化寬鬆的風險

一如所有類型的經濟干預，量化寬鬆有可能引發極大爭議，衍生各種風險，包括：

> 通貨膨脹上升 —— 聯準會和各國央行購買債券的行為，會使流通貨幣數量增加，這會引發通貨膨脹。

> 效率低落 —— 如果量化寬鬆無法達到促使利率降低的既定承諾，投資人可能開始對聯準會和各國央行控制局面的能力產生懷疑，這種懷疑與憂慮有可能導致經濟陷入向下沉淪的螺旋。

> 量化寬鬆退場後的動盪 —— 總有一天，聯準會和各國央行必須停止購買債券，放手讓利率走高；一旦利率走高，有可能促使經濟恢復衰退的趨勢。

但總而言之，一般共識認定，過去實施的量化寬鬆計畫（例如多國央行在2008年至2009年全球金融危機的餘波中所採用的量化寬鬆），都成功逆轉了低迷的經濟情勢。

有趣的事實

> 聯準會在2008年至2009年全球金融危機爆發時迅速採取因應對策，其中一項是購買了大約3兆美元的債券與房貸擔保證券。

> 雖然量化寬鬆，主要會令人聯想到2008年至2009年的全球金融危機，但是在新冠病毒來襲導致經濟陷入衰退之際，也成為支持經濟的重要工具之一 —— 聯準會在2020年購買了數兆美元的資產。

> 觀察聯準會資產負債表的金額，可以衡量出量化寬鬆計畫的總規模。2015年，聯準會的資產已從2008年的9,000億美元成長至4.5兆美元，到了2020年，資產更是高達7兆美元以上。

量化寬鬆就像打電話給你的前任，真是萬不得已的最後手段，

很可能讓你變得更一蹶不振。——Napkin Finance ☺

租屋 VS. 買房

入住棲身之所的兩種付款方式

> 如果房價上漲、甚至飆漲，
> 或者你需要擁有靈活應用資金的彈性，
> 用租的比較便宜

> 當你有能力負擔房貸，
> 何苦為人作嫁，幫房東繳房貸？

租屋

優點	缺點
✔ 無長期承諾	✖ 無法累積住宅權益
✔ 較少責任	✖ 無法獲得所得稅寬減
✔ 月付款可預測	✖ 對居住空間較無掌控權

買房

優點	缺點
✔ 能累積住宅權益	✖ 責任較重
✔ 可獲得所得稅寬減	✖ 較難隨意搬家
✔ 空間規劃你說了算	✖ 財務風險較高

20法則

年租金X20 VS. 相似住宅的價格
比較兩個數字，釐清何者較划算

租屋 vs. 買房

租屋或買房的抉擇，可能堪稱一生中最重大的決策之一。

兩個選項各有財務上的取捨，當然也牽涉到個人的非財務考量，而這些非財務考量可能和財務考量一樣重要。

基本概念

當你選擇租屋，就必須付錢給房東，以換取占用住宅空間的權利。通常租屋者無須負責維修房屋的事務，也不用繳納房地產稅。

如果你選擇買房，你就擁有那個住宅空間，而且必須負責維護房屋，並且繳納房地產稅。不過，當房價隨著時間增值，你的財富也會水漲船高。

優點與缺點

下列是租屋與買房的優點和缺點：

	優點	缺點
租屋	<ul><li>無長期承諾</li><li>房東處理修繕和維護</li><li>月付款可預期</li><li>想搬家就搬家</li></ul>	<ul><li>無投資，無回報</li><li>無租稅利益</li><li>租金可能上漲</li><li>對維護、裝潢等事務沒有掌控權（也對大廳的怪味道無能為力）</li></ul>
買房	<ul><li>所得稅寬減</li><li>累積住宅權益</li><li>你是這個住宅空間的老大，凡事你說了算</li><li>落地生根</li></ul>	<ul><li>必須負責所有修繕和維護</li><li>房地產價值可能下跌</li><li>買房很貴</li><li>不容易賣出或搬家</li></ul>

首要原則

如果你迄今還未做出租屋或買房的決定，或者你正試著根據數字做出冷靜的決策，可以參考「20法則」（Rule of 20）。

根據「20法則」，將年度租金（即每月租金乘以12）乘以20，再將計算出來的數字和附近的住宅價值做個比較。如果購屋價格低於那個數字，或許買房是成本效益較高的決定；然而，如果以租金的倍數算出的數字較低，繼續租屋可能比較明智。

有趣的事實

> 美國的住宅自有率大約落在65％上下，但是在舊金山等高房價地區，只有不到50％的人擁有自用住宅。事實上，加州人平均將所得的25％耗用在住宅相關支出，當地的這項比率高於美國其他所有地方。

> 阿肯色州、阿拉巴馬州、俄亥俄州、密西根州和威斯康辛州，是美國房價最便宜的幾個州，其中某些地區的房價甚至低於每平方英尺100美元。[*]

重點摘要

> 租屋或買房的決策，是人生的重大財務、生活形態與個人決策之一。

> 租屋的優點包括：能夠輕易搬家、無須擔心稅金或維護的問題，以及每個月的財務負擔固定。

> 擁有房屋的好處包括：能夠慢慢累積住宅權益、獲得所得稅寬減，以及因擁有自宅而可以自己當老大的那種自主權。

> 買房有可能比租屋貴，而租屋也可能比買房貴，一切取決於你的居住地點。

不管你是租屋或買房，你放在門口的亞馬遜包裹，都可能被順手牽羊。

——Napkin Finance ☺

---

[*] 每坪大約10,715新台幣（美元兌新台幣以30元計算）。

1. 股票是：
   a. 債務的一種。
   b. 昂貴的壁紙。
   c. 公司的局部所有權。
   d. 一種堅固的存貨。

2. 投資人透過股票賺取報酬的兩個管道是：
   a. 股利與價差。
   b. 利息與本金。
   c. 恐懼與威脅。
   d. 借據與 Bed Bath & Beyond 公司的禮券。

3. 下列敘述正確或錯誤？股票（stocks）、股份（shares）與股權（equities），都代表相同事物。
   ○ 正確　　　○ 錯誤

4. 你通常必須做到下列哪件事，才能夠交易股票？
   a. 認識某個祕密社團的成員。
   b. 親自到實體股票交易所。
   c. 上網路論壇做功課，尋找熱門、準確的飆股消息。
   d. 到券商開戶。

5. 傾向促使股市上漲的事物包括：
   a. 更強勢的美元與更高的關稅。
   b. 較低的利率與較低的稅負。
   c. 伊隆・馬斯克（Elon Musk）的髮量變多了。
   d. 威而鋼。

6. 下列敘述正確或錯誤？以 20 年期間而言，美國股票從未出現虧損。

   ○ 正確　　　○ 錯誤

7. 「牛市」的現象是：

   a. 投資人被宰殺。
   b. 股票上漲。
   c. 債券下跌。
   d. 你家附近的雜貨店正在促銷紅肉。

8. 如果你的 Uber 司機說他「看空」科技股，表示他：

   a. 認為科技股會跌價。
   b. 認為科技股將漲價。
   c. 不知道如何抵達你要去的地方。
   d. 只值「一星」評價。

9. 共同基金是：

   a. 一種群眾募資型投資標的。
   b. 只有獲得喜愛的人才能夠投資的基金。
   c. 一種指數股票型基金。
   d. 一種集合投資人資金、由專業經理人管理的投資標的。

10. 下列何者不是共同基金的好處？

    a. 嚴格監理。
    b. 專業管理。
    c. 保證績效。
    d. 分散投資。

11. ETF 是：

    a. 只有小精靈才能投資的基金。
    b. 算命師管理的基金。
    c. 像股票一樣在交易所掛牌交易的基金。
    d. 「容易原諒」（Easy To Forgive）的首字母縮略字。

12. 下列何者不是 ETF 大受歡迎的原因？

    a. 手續費通常很低。

    b. 原始投資金額可以很低。

    c. 指數型投資很受歡迎，而多數 ETF 是指數型基金。

    d. 這種基金的歷史比共同基金更為悠久。

13. 相較於股票，債券通常：

    a. 較低風險且較低報酬。

    b. 發放較高的股利。

    c. 較容易買進與賣出。

    d. 高度震盪，不是輕微起伏。

14. 債券的信用評級介於：

    a. AAA 至 ZZZ。

    b. AAA 至垃圾。

    c. ㄅㄅㄅ至ㄩㄩㄩ。

    d. 紅色至綠色。

15. 下列敘述正確或錯誤？投資人的公司債利息收入，可以獲得所得稅寬減。

    ○ 正確   ○ 錯誤

16. IPO 的意思是：

    a. 非法寵物所有人（Illegal Pet Owners）。

    b. 投資主要職缺（Investment Primary Opening）。

    c. 股票首次公開發行（Initial Public Offering）。

    d. 我在買奧利奧餅乾（I'm Purchasing Oreos）。

17. 下列何者不是一家公司決定將股票公開掛牌的理由？

a. 募集資金。
b. 讓內部人得以「拿股票換鈔票」。
c. 吸引頂尖的員工。
d. 節省會計師和律師成本。

解答

1. c	6. t	11. c	16. c
2. a	7. b	12. d	17. d
3. t	8. a	13. a	
4. d	9. d	14. b	
5. b	10. c	15. f	

＊期貨、選擇權、外匯市場、原物料商品、量化寬鬆、租屋 vs. 買房這六篇，是繁體中文版特別
　新增內容，不包含在原文章節測驗題目中。

7

稅務簡單說

稅負

什麼是稅負？

民眾&企業向政府繳納的資金

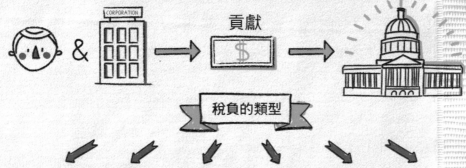

貢獻

$

稅負的類型

個人所得稅　銷售稅　資本利得稅　遺產稅　房地產稅　企業所得稅

稅負的用途

聯邦政府　　　州政府　　　地方政府

有趣的事實！

*在德州

牛仔靴
免稅

登山鞋
課稅

稅負

稅負是民眾和公司必須向政府繳納的資金。

類型

每當個人或公司賺錢，政府幾乎都要求分一杯羹，下列是每個人都必須繳納的部分稅負：

> 所得稅 —— 你必須就你的薪資繳納這項稅金，不過多數零工經濟（gig economy）型所得及投資收入也會被課徵這項稅負。

> 銷售稅 —— 當你在商店、餐廳或網路上購買某項事物時，必須繳納這項稅金。

> 房地產稅 —— 如果你擁有不動產，就必須繳納這項稅負。

> 資本利得稅 —— 如果你賣掉一項投資標的且實現利益，可能必須繳納這項稅負。

> 遺產稅 —— 當某個有錢人過世，政府可能會從他的遺產分一杯羹。

> 企業所得稅 —— 政府從企業的利潤中分走一杯羹。

稅負的用途

你繳納的稅金被政府用來支付各式各樣的開銷，從參議員的薪資，到造橋鋪路，乃至對外國的金援等。更具體來說：

> 聯邦所得稅流向美國聯邦政府，用來支付：
> > 軍事支出。
> > 社會安全福利金。
> > 聯邦醫療保險（Medicare）與聯邦醫療補助（Medicaid）。
> > 國債的利息支出等。
> 州銷售稅與所得稅用來支付：
> > 公立學校費用。

- > 聯邦醫療補助。
- > 運輸。
- > 各州監獄等。
- > 房地產稅與其他地方稅用來支付：
  - > 公立學校費用。
  - > 消防與警察機關費用。
  - > 道路維修等。

有趣的事實

- > 在德州，牛仔靴免徵銷售稅，但登山鞋卻要。
- > 在紐約，購買一個完整的貝果麵包不需要支付銷售稅，但如果店家把貝果切開，就會被視為調理食品，將被課徵銷售稅。
- > 在堪薩斯州，搭乘拴在地面上的熱氣球，依法必須課徵娛樂稅。若熱氣球不是拴在地面上，會被視為一種運輸工具，乘客無須繳稅。
- > 新墨西哥州的居民年滿100歲後，若繼續住在該州，可終生免州所得稅。

重點摘要

- > 稅負是民眾和企業為了維護政府的正常機能運作而繳納的資金。
- > 你可能因你的薪資所得、你購買的各種事物和擁有的房地產繳稅。
- > 在美國，你可能要繳納聯邦政府、州政府和地方政府稅，這些稅金被用於各種不同類型的服務。

想要教你的子女認識稅負，你可以吃掉他們38%的薯條，例示給他們看。

——Napkin Finance ☺

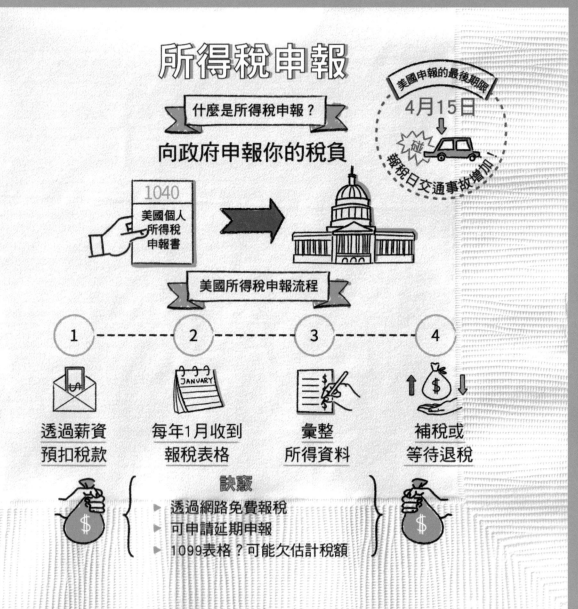

所得稅申報

多數人一年到頭都在繳稅。所謂「申報所得稅」，是指就法律而言，計算你一整年度共應繳納多少稅金，並將計算出來的金額，和先前已經繳納的稅金做個比較。如果你已經繳納的稅金低於計算出來的金額，那麼就必須連同申報書一起補繳剩餘應納稅額。如果你已經繳納的稅金高於計算出來的金額，那麼就靜待政府退稅給你。

申報所得稅很重要，因為你絕對不會想要跟難纏的國稅局槓上。

如何申報？

第1步：在一整年間，你可能已透過薪資繳納了一些稅金。如果你還有其他所得，可能也會繳納每一季的預估稅金。

第2步：到了1月底，你的雇主和你有開立帳戶的金融機構，應該會寄送報稅表格給你。

第3步：每年4月15日當天（經過一拖再拖，並且推敲過所有選項後），你終於彙整了全部的所得資料。

第4步：如果你需要補稅，通常會連同申報書一起寄出補稅。如果你理應獲得退稅，可能會在申報所得稅後幾週收到退稅款項。*

> 「我這一生只害怕上帝和國稅局。」
> ——德瑞博士 Dr. Dre，
> 饒舌歌手兼製作人

申報所得稅需要準備什麼？

在美國，彙整所得申報資料時，至少需要：

---

* 在台灣，每年2月左右會開始寄發扣繳憑單，5月1日至5月31日為綜合所得稅申報期間。若有退稅，則是從6、7月底起分批退稅，以國稅局公告而定。

- > 社會安全號碼。
- > 去年的所得申報資料。
- > 雇主提供的所有 W-2 表格或 1099 表格。
- > 金融機構提供的所有 1099 表格。
- > 你將納入的所有扣除額及可扣抵稅額紀錄。
- > （以及一瓶葡萄酒，好幫你忘了因申報所得稅而產生的痛。）

重要須知

- > 你可以透過國稅局的網路，免費申報所得稅。*如果你的稅務很單純，或是你的所得低於特定金額，有些報稅款體公司也提供免費的所得申報服務。
- > 如果你無法在最後期限內完成所得稅申報，可以申請延期，這樣就能爭取到額外六個月的時間來彙整你的所得申報資料。（延期只是讓你有更多時間蒐集資料與填表，如果你需要補稅，國稅局還是會要求你先繳稅再說。）
- > 如果你屬於零工經濟的一員，你一年可能必須申報與繳納四次預估稅金。

有趣的事實

- > 其他國家比美國好，全球共有 36 國公民無須申報所得稅，包括德國、日本和西班牙，因為這些國家的政府會幫民眾計算他們要繳多少稅金。
- > 每年接近 4 月 15 日，美國致命車禍發生率就會上升 —— 這是採用電子申報的好理由。

---

* 在台灣，財政部電子申報繳稅服務網提供了非常便利的服務。

重點摘要

> 你的年度所得稅申報作業，就是要加總你去年共應繳納多少稅金給政府，以及你已經繳納了多少稅金，並且補繳差額。

> 在美國申報所得稅時，你需要取得所有W-2表格、1099表格、其他所得紀錄，以及扣除額與可扣抵稅額的紀錄。

切記：你怕所得稅申報書，所得稅申報書更怕你。——Napkin Finance ☺

1099表格 VS. W-2 員工表格

各是什麼？

獨立接案者

員工

<u>1099</u> ← 報稅表格 → <u>W-2</u>

- 非就薪資課稅
- 接案者繳較多稅
- 每一季繳納預估稅額
- 可扣除執行業務費用
- 不盡然符合失業資格

- 對薪資課稅
- 員工支付較少稅
- 從薪資預扣稅額
- 無法扣除很多費用
- 符合失業資格

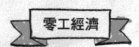
零工經濟

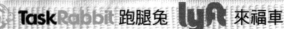
Uber　TaskRabbit 跑腿兔　lyft 來福車

被歸類為獨立接案者 ⟶ 規避員工費用

1099 表格 vs. W-2 員工表格

1099 表格與 W-2 表格是兩種不同的報稅表格。如果你是一名接案者，你應該會在年底收到一張以上的 1099 表格。如果你是受雇於人的員工，應該會收到一份 W-2 表格。

這些表格為何重要？

你要繳多少稅以及何時繳稅，端視你被歸類為接案者或員工，這個分類甚至可能影響到你請領各項津貼的資格。

	接案者	員工
報稅表格	1099	W-2
繳稅時間	一年繳納四次估計稅額	從你的薪資預扣稅額
繳稅多寡	較多稅	較少稅
雇主繳稅多寡	較少稅	較多稅
津貼？	如果你失業，可能不符合失業資格。沒有取得醫療保險、401(k) 或其他公司福利的資格。	如果你失業，通常符合失業資格。通常有資格取得醫療保險、401(k) 或其他公司福利。

如何判斷？

你可以經由你收到的報稅表格類型，以及你收到薪資的方式，了解你被當成接案者還是員工。如果你每兩週收到薪資，而且在年底收到 W-2 表格，那麼你就被歸類為員工。如果你必須提交工作相關的發票，並且在年底收到 1099 表格，你就是一個接案者。

決定這個分野的因素包括：

> 你控制自己從事的工作的能力？

  > 你較能控制自己的工作→接案者。

  > 你較無法控制自己的工作→員工。

> 工作相關費用是你買單或雇主買單？

  > 你自己支付工作相關費用→接案者。

  > 公司支付相關費用→員工。

> 你是否能在相同領域，自由尋找額外的兼差工作？

  > 你可以兼差、打零工→接案者。

  > 不能→員工。

> 你對業務的貢獻有多麼不可或缺？

  > 不那麼不可或缺→接案者。

  > 較不可或缺→員工。

> 你的任務實質上是永久的嗎？或者只延續一個特定專案或期間？

  > 特定期間→接案者。

  > 實質上是永久的→員工。

重要須知

某人應該歸類為接案者或員工，答案並不是每次都那麼顯而易見，而且相關判斷可能很有爭議。

諸如Uber、Lyft與TaskRabbit等零工經濟企業，通常將員工歸類為接案者，因為這樣比較節省成本。不過，關於這些接案者是否應該被視為員工，已經有很多法律爭議發生。

有趣的事實

> 如果你被歸類為員工，你在營業開車途中撞到人，那麼你的雇主可能需要負

責。如果你被歸類為接案者，你在營業開車途中撞到人，那麼應該負責任的可能是你。

> 即使是政府，都不見得能夠明快地判斷民眾屬於員工或接案者。不同聯邦政府機關（例如國稅局與勞工部）的意見可能分歧，不同州或法院的意見也可能有差異。基於認定者的不同目的，你的稅務身分可能和其他身分有所差異。例如，當你涉及勞工爭端時，或是當你因車禍被告時，你被歸類的身分可能會有差異。

重點摘要

> 你被歸類為接案者或員工，決定你將收到1099表格還是W-2表格。
> 上述的分類將會影響到你的納稅金額、納稅時間，以及你有資格獲得哪些福利。
> 你應該被分為哪一類？這個問題有可能非常複雜，而且取決於幾項要素。

碧昂絲是一名獨立接案者，如果你收到1099表格，你和碧昂絲有那麼一點共通點。

——Napkin Finance ☺

所得扣除額

降低你的應稅所得 ＝ 你應繳納的稅額減少

有趣的事實！

因醫療理由發生的

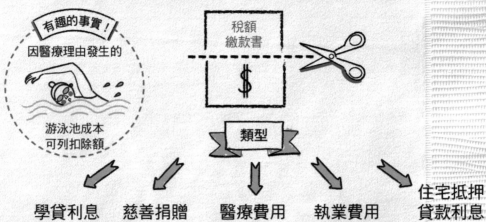

游泳池成本
可列扣除額

稅額
繳款書

$

類型

學貸利息　　慈善捐贈　　醫療費用　　執業費用

住宅抵押
貸款利息

所得扣除額

標準　　　　　　　　　　　　　　列舉

 VS.

所得扣除額

諸如對慈善團體的捐款，或是學生貸款的利息等扣除額，都是在計算應納稅額時，可從所得扣除的金額。如果你申報所得扣除額，就能夠少繳一點稅。

如果你一年的所得達到5萬美元，但扣除了1萬美元的所得扣除額，那麼你將以4萬美元的所得來計算應繳稅額。

常見類型

主要的所得扣除額包括：

> 學貸利息。

> 個人退休帳戶提撥款。

> 州及地方稅。

> 自宅抵押貸款利息。

> 對慈善機關的捐款。

> 醫療費用，如果你那一年的費用達到所得的特定百分比。

> 執業費用，如果你自己執業的話。

「多數人只有在填寫所得
稅申報表格時，才會測試
自己計算減法的能力。」

——勞倫斯・彼得
Laurence J. Peter，
「彼得原理」提出者

所得扣除額 vs. 可扣抵稅額

可扣抵稅額和所得扣除額都能使你的應納稅額降低，不過可扣抵稅額比較有價值，因為一美元的可扣抵稅額能抵一美元稅金，而所得扣除額只能使你的計稅所得金額降低。

假設你的所得是5萬美元，稅率是25%（現實生活的稅率比這個例子複雜），下列是1萬美元所得扣除額與1萬美元可扣抵稅額的分別影響：

	1萬美元的所得扣除額	1萬美元的可扣抵稅額
你的應稅所得是：	5萬美元−1萬美元＝4萬美元	5萬美元
如果稅率25%，你的稅額是：	4萬美元×25%＝1萬美元	5萬美元×25%＝12,500美元
減可扣抵稅額	0美元	1萬美元
你繳納的總稅額	1萬美元	2,500美元

列舉扣除額 vs. 標準扣除額

每個人都必須選擇要採用標準扣除額或列舉扣除額。標準扣除額較單純，若採用這個選項，可從所得扣除一組固定金額，不需要花很多時間計算或保留費用憑證。相較之下，列舉扣除額較為複雜，但對某些人來說，列舉扣除額能夠節省較多稅金，不過你得先釐清你有資格扣除的所有項目，並且加總所有扣除額。

就算你不是採用列舉扣除額，還是可以納入某些特定的所得扣除額，像是學貸利息扣除額。不過，除非你採用列舉扣除額，否則有很多所得扣除額不能納入，像是自宅抵押貸款利息與慈善機構捐款等扣除額。

有趣的事實

> 執業費用通常可在報稅時扣除，「執業費用」的定義，可能比你想的更廣義。據說，一名脫衣舞孃因法官的判決，得以將隆乳手術使用的刮毛器的成本列為所得扣除額，該法官判定她植入乳房的物品是一種舞台道具。

> 如果你是基於醫療理由，需要興建游泳池或進行住宅翻新，那麼相關成本可能可以列入所得扣除額。

重點摘要

> 所得稅扣除額能使你的應稅所得降低，進而使得納稅金額減少。

> 常見的所得扣除額，包括對學生貸款的利息、房貸利息和部分退休計畫提撥款等提供的寬減。

> 所得稅扣除額很棒，但是可扣抵稅額更棒，因為可扣抵稅額將直接抵銷你的應納稅額。

「或許人人皆可獲得自由與正義，但某些所得稅寬減是少數人專屬。」

——馬汀·蘇利文
Martin A. Sullivan，
經濟學家

你的退稅款會寄到你的家裡。——Napkin Finance ☺

1. 下列何者不屬於稅負的一種？
   a. 所得稅。
   b. 資本利得稅。
   c. 渦輪稅。
   d. 房地產稅。

2. 稅金被用來支付：
   a. 太陽升起的費用。
   b. 網際網路的費用。
   c. 肉毒桿菌的費用。
   d. 公立學校與軍隊的費用。

3. 下列敘述正確或錯誤？房地產稅被用作聯邦政府開銷的財源。
   ○ 正確　　　○ 錯誤

4. 所得稅申報是：
   a. 政府將你已繳納的稅金還給你。
   b. 計算你在特定年度已繳納及實際上應繳納的稅額，以便補稅或等待退稅。
   c. 你用來支付拉斯維加斯之旅的資金。
   d. 藉由不納稅來參與政治抗爭的好機會。

5. 在美國，在四月中的最後期限過後才申報所得稅會如何？
   a. 只要你申請延期就沒關係。
   b. 只要你遠離塵囂，不用自來水、不用電就沒關係。
   c. 會被宣判死刑。
   d. 最新特技跳傘。

6. 下列敘述正確或錯誤？你可以免費上網申報所得稅。
   ○ 正確　　　○ 錯誤

7. 下列何者不是在美國申報所得稅時必須準備的？
   a. 去年的所得稅申報書。
   b. 社會安全號碼。
   c. 過去一年的所有銀行對帳單。
   d. 你收到的所有1099表格與W-2表格。

8. 如果你是一個接案者，意味著：
   a. 政府不知道你賺多少錢，所以不需要就接案的所得納稅。
   b. 通常一年必須繳納四次估計稅額，而且會在1月收到1099表格。
   c. 發案公司會幫你繳稅。
   d. 你常在星巴克寫劇本。

9. 被歸類為員工的優點包括：
   a. 薪資所得繳納的稅金較少，而且如果失業，通常符合請領失業津貼的資格。
   b. 雇主會幫忙申報所得稅。
   c. 免費的辦公室用品。
   d. 可以將怒火藏在心中，直到爆炸那一天到來。

10. 影響你應被分類為員工或接案者的因素包括：
    a. 你一天上臉書幾個小時。
    b. 你打電話謊稱生病的次數。
    c. 你是否在工作上習得一些訣竅。
    d. 你對你從事的工作有多少控制權，以及誰幫你支付執業費用等。

11. 所得扣除額是：
    a. 一種合法少繳稅金的方法。
    b. 只對超級有錢的人有意義。
    c. 你根本不需要為這件事煩惱，因為你父母會幫忙搞定一切，對吧？
    d. 你說服自己買一部90吋電視的方法。

12. 下列敘述正確或錯誤？一美元的所得扣除額，可抵扣一美元的應納稅額。

　　○ 正確　　　○ 錯誤

13. 下列哪個項目，不屬於所得扣除額？

　　a. 慈善捐款。
　　b. 寵物費用。
　　c. 學貸利息。
　　d. 執業費用。

14. 和所得扣除額有關的最主要決定是：

　　a. 你應該打電話給爸爸還是媽媽來釐清這個問題。
　　b. 你應該申報全額或部分的扣除額。
　　c. 你應該申報你有幾名子女。
　　d. 要採用列舉扣除額還是標準扣除額。

15. 下列敘述正確或錯誤？住宅翻新的成本可能可以列為扣除額。

　　○ 正確　　　○ 錯誤

解答

1. c	5. a	9. a	13. b
2. d	6. t	10. d	14. d
3. f	7. c	11. a	15. t
4. b	8. b	12. f	

創業大計

開公司

創業精神
篳路藍縷，從0到1

什麼是創業精神？

一步一腳印

繼續努力！

重來

執行

執行

規劃！

承擔風險

$

為什麼要創業？

重要

打造江山

獲得利潤

掌握控制權

發掘概念

著名創業家

→ 傑夫・貝佐斯 Jeff Bezos

→ 歐普拉 Oprah

→ 馬克・祖克柏 Mark Zuckerberg

你希望存在，但又遍尋不著的事物

周遭民眾的需求

改善現有產品或服務

更容易取得資訊或產品

創業精神

創業精神就是創新的精神，它是指提出概念，主動、積極地採取行動，將概念化為現實。

　　雖然「創業家」（entrepreneur）一詞，可能令人聯想到諸如傑夫·貝佐斯（Jeff Bezos）、歐普拉或馬克·祖克柏（Mark Zuckerberg）之類的大人物，但任何經營自己的事業或想辦法兼差的人，都算得上創業家。

> 「如果你不建構自己的夢想，別人就會聘請你協助打造他們的夢想。」
>
> ——托尼·加斯金斯
> Tony A. Gaskins，
> 勵志作家

創業的優點與缺點

想成為一個老闆總得付出代價：

優點	缺點
留下你的利潤。	獨自承擔所有風險。
有機會打造你熱愛的事物，為後人留下遺澤。	即使是了不起的概念，也可能失敗。
掌握主控權，聘請你自己的團隊。	更多責任＝更大的壓力。

和創業有關的迷思

追逐夢想的過程或許令人恐懼，可別因為這些錯誤的信念而卻步不前。

迷思	事實
你必須很有錢才能創業。	有些企業可能只需要一點點初期資金，就能開創一番局面。但很多企業必須向外部投資人或放款人募集資金，才能夠跨出第一步。
你需要完全原創、獨一無二且出色的概念。	很多成功企業是以現有的產品和服務為起點。
失敗是敵人。	很多成功的創業家在創造傑出的成果之前，都曾經嚐過連續失敗的痛苦。從錯誤中學習，別害怕犯錯。

如何想出創業好點子？

你不盡然需要非常吸睛的原創概念，但你確實需要創業概念。試著維持寫日記的習慣，每次想到下列事項，就做個筆記：

> 你希望它存在，但又遍尋不著的事物。
> 周遭人需要，但現有商品滿足不了的事物。
> 能使現有產品或服務更臻完善的方法。
> 可以幫助民眾更容易取得資訊或產品的方法。

有趣的事實

> 如果你想讓新事業順利發展，那就在車庫創業吧！傳聞一開始在車庫創業的企業，包括蘋果、亞馬遜、谷歌和迪士尼。
> 發明的世界紀錄保持人是發明家山崎舜平，手上握有超過11,000項專利。

重點摘要

> 創業是將你的商業概念導入現實世界的流程。

> 當你成為一名創業家,你可能獲得非常大的利潤回報與滿足感,但也承擔了這份事業的財務與聲望風險。

> 用筆記記錄目前尚不存在或有改善空間的產品或服務清單,有助於創業概念的發想。

有些成功的創業家一開始是在菸害防治所外銷售餅乾,

包括歐普拉、貝佐斯和聰明的美國女童軍。——Napkin Finance ☺

如何成立新創公司？

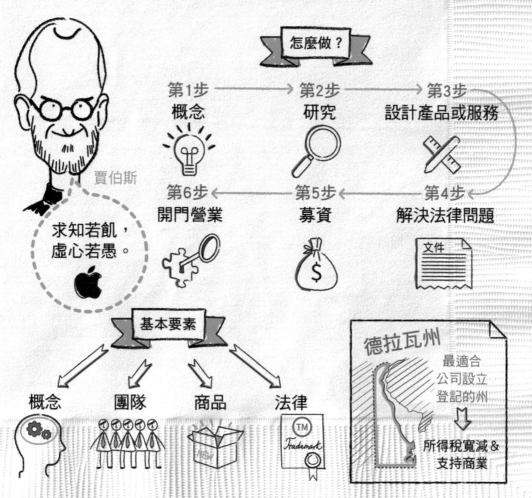

怎麼做？

第1步 → 第2步 → 第3步
概念　　研究　　設計產品或服務

第6步 ← 第5步 ← 第4步
開門營業　募資　解決法律問題

賈伯斯

求知若飢，
虛心若愚。

文件

基本要素

概念　　團隊　　商品　　法律

TM
Trademark

德拉瓦州

最適合
公司設立
登記的州
↓
所得稅寬減 &
支持商業

如何成立新創公司？

雖然很多新創企業失敗，但成功的新創企業有可能締造非常亮麗的成果。除了財務上的回報，成立新創企業可能讓你有機會打造某種有意義、能夠打破現狀，甚至改變世界的事物。

創業的基本要素

所有新創企業都不同，但多數新創企業需要下列四項事物：

> 概念——或許你的新創事業將破壞一個產業、改良一項產品或服務，或是滿足民眾還沒有發現的需求。

> 團隊——找出一群能和你合作且技術能力與你互補的人。先找到能夠發揮這三項主要功能的人：有商業頭腦、具備技術能力和創造力。

> 產品——開發產品的原型、服務的模型，或者至少擬定一項有關「如何開發第一批商品」的務實計畫。

> 法律——釐清你的商業結構、事業名稱，以及相關的法律問題。

創業流程

第1步：提出你的概念。

第2步：研究市場。誰是你的競爭者？誰是你的顧客？你的產品或服務，會有多強勁的需求？

第3步：擬定計畫。設計你的產品或服務。

第4步：釐清法律問題。決定要採用哪一種商業結構。命名，同時視需要申請執照或許可證。

第5步：募集資金。你想藉由出售股權還是舉借貸款的方式取得資金？

第6步：發布訊息。為你的新事業創造一些令人興奮的話題。

第7步：開門營業。

創業類型

雖然你可能需要新鮮的概念，但世界上的商業模型終究只有那麼幾個，考慮你的公司是否應該：

> 銷售廣告 —— 開創免費的網站或應用程式，吸引民眾進入使用，刊登付費廣告。

> 創造一個市集 —— 例如 Etsy 或 eBay。

> 向消費者銷售產品或服務 —— 你可以發明下一個指尖陀螺。

> 向企業銷售產品或服務 —— 解決特定產業的需求。

> 採用點對點（peer to peer）模式 —— 例如 Airbnb 平台或共乘服務。

> 銷售智慧財產權 —— 開發某種可授權並收取手續費的事物。

有趣的事實

> 加州的「獨角獸」公司，即價值超過10億美元的新創企業，是世界上最多的。

> 很多公司選擇在美國德拉瓦州辦理設立登記（即使這些企業的總部位於其他地方），因為德拉瓦州的公司法系統非常成熟，而且不會對未在該州從事商業活動的企業課徵所得稅。

重點摘要

> 你將因為成立新創企業而有機會大展身手。

> 想要開創新事業,你必須先有概念、團隊、產品和一些法律協助。

> 雖然提出創業概念看起來好像很難,但你能從現有商模獲得一些靈感。

一旦你開始創業,你的睡眠品質就會變得跟嬰兒一樣:

每兩個小時醒來一次,而且動不動就會哭泣。──Napkin Finance ☺

商業計畫

打造事業的路線圖

為什麼商業計畫很重要？

- ☑ 事業經營指南
- ☑ 衡量事業進展
- ☑ 與投資人分享
- ☑ 招募員工＆合夥人

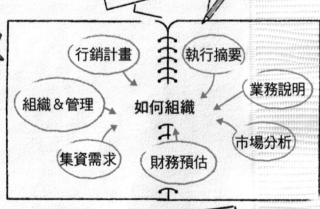

行銷計畫　　執行摘要

組織＆管理　　如何組織　　業務說明

集資需求　　財務預估　　市場分析

有趣的事實 ▶ 有些商業計畫可能簡單到能用一張餐巾紙寫完！

Southwest

商業計畫

商業計畫是一份概述事業願景的文件，詳述了你對公司未來發展的整體期許，包含將那些期許轉化為事實的某些詳細步驟。

為什麼商業計畫很重要？

你將利用你的商業計畫做到：

> 循序漸進，堅持到底 —— 你的計畫能夠幫你設定發展事業所需採取的精準步驟，有了這個計畫，你隨時都能掌握接下來會遇到什麼狀況，以及應該做什麼事來因應。

> 衡量你的進展 —— 在商業計畫中定下一些里程碑，這麼一來，就能隨著公司成長，核對目前的進展是否與計畫相符。

> 迎合投資人 —— 潛在支持者當然希望你能有一個務實的計畫，而且他們可能會對一些細節提出疑問，像是財務預估等。

> 招募員工與合夥人 —— 務實的願景有助於說服最頂尖的人才、顧客和合夥人加入你的行列，共同為未來打拚。

如何打造你的商業計畫？

你的商業計畫有可能非常簡單，也可能非常詳細，一切取決於你的選擇。有些商業計畫簡單到像隨手寫在餐巾紙上的內容，有些則可能冗長到像一本書。

你可以考慮將下列元素納入你的商業計畫：

> 執行摘要 —— 簡短概述你的整個商業計畫。

> 詳細的業務說明 —— 你採用的商業模型有哪些基本要素，以及公司到目前為止的成績。

> 市場分析 —— 你的顧客是誰？你的競爭者是誰？

> 組織與管理 —— 公司的法律結構？誰是團隊的超級明星？

> 行銷計畫 —— 與宣傳你的事業和尋找顧客有關的計畫。

> 集資需求 —— 你需要多少錢，才能順利展開業務？

> 財務預估 —— 公司成立頭幾年的營業額和獲利的精確預估值。

有趣的事實

> 西南航空（Southwest Airlines）、Discovery 頻道的《鯊魚週》（*Shark Week*）、涓滴經濟學（trickle-down economics）以及超過四部皮克斯（Pixar）電影的最初構想，據說都是寫在餐巾紙上。

> 矽谷很多創辦人在向潛在投資人宣傳業務計畫時，經常會誇大其辭、虛灌數字，這個情況眾所皆知。誠如一名創辦人所言：「在矽谷，誠實的人就像奧林匹克參賽隊伍中，唯一未服用類固醇藥物的隊員。」

「與其耗費能量祈禱，不如著手擬定計畫。」

—— 愛蓮娜・羅斯福
Eleanor Roosevelt，
人權倡議者、美國前第一夫人

重點摘要

> 你的商業計畫，就像是你的公司的未來發展路線圖。

> 你必須為你自己、潛在投資者、員工和商業夥伴擬定商業計畫。

> 有些商業計畫的內容鉅細靡遺，有些則可能只是簡單說明願景。

商業計畫是公司的未來發展路線圖，婚前協議則像是通往離婚的路線圖。

——Napkin Finance ☺

新創募資

 為了促進業務成長而募集資金

類型

| 早期階段 | | | | 後期階段 |

群眾
募資

天使
投資人

創投

自力
更生

創業
孵化器

IPO

公司的價值

優點

✔ 更多資金
✔ 與專家建立關係
✔ 行銷你的事業

缺點

✖ 放棄股權 & 控制權
✖ 分享財務細節
✖ 洩漏商業祕密

集資 ≠ 成功

新創募資

除非你開創一個不需要很多現金就能運作的事業，否則一定需要募集資金，你的公司才能順利啟動業務。你的事業目前處於哪個階段、需要多少資金，以及你能否淡然放棄公司的一部份股權等，可能決定你將會需要什麼類型的融資。

集資類型

集資來源	階段	運作方式
自力更生	極早期	動用個人的資金來源，像是儲蓄、投資、住宅產權，甚至信用卡。
親朋好友	極早期	請求相信你的概念終將成功的人借錢給你，以便啟動公司業務。
創業孵化器	極早期	設法擠進專為新創企業成立的發展計畫，你將在那裡獲得有助於實現概念的資源，並且結識良師益友。
群眾募資	早期	在群眾募資網站詳細說明你的商業計畫，以便吸引資金投入（相關細節參見第12章）。
傳統放款人	早期	向往來銀行或信用合作社申請小型企業貸款。
天使投資人	早期	找個願意出一大筆錢交換你公司股權的有錢人。
創業加速器	中期	一旦你的概念開始引來關注，可以申請並設法擠進短期的新創企業「新兵訓練營」，加速公司成長。
創投	中期	將部分股權賣給經驗豐富的新創企業投資者。
IPO	後期	讓你的公司股份在某個證交所掛牌交易，以便向更大量的投資人募集資金。
發行債券	後期	一旦公司基礎變得更加穩固，就可以銷售10年、20年，甚至30年後到期的固定利率債券。

外部集資的優點與缺點

舉借外部資金可能攸關公司能否持續成長，但這個選項還是有一些利弊得失。

優點	缺點
• 有機會取得非常大量的資金。	• 放棄一些股權和控制權。
• 和良師益友與專家建立關係。	• 必須對外分享公司的財務狀況。
• 行銷你的商業模型。	• 不得不和他人分享自家的商業祕密。

有趣的事實

> 繼續掌握控制權，有可能獲得極大的報酬。新創公司天然除臭劑（Native Deodorant）成立才兩年半，就以一億美元將部分股權賣給寶鹼公司（Procter & Gamble），創辦人還是持有天然除臭劑公司90%以上的股權。

> 新創公司Juicero的榨汁機一台要價400美元，號稱能將一個蔬果包榨成一杯蔬果汁，有點像是蔬果版的膠囊咖啡機。不過，後來外界發現，只要用雙手就能將那些蔬果包壓成蔬果汁；換言之，根本就不需要那台花俏的機器也能榨汁。但是，當這項事實被披露時，該公司已經募到1億2千萬美元的資金了（後來該公司關門大吉）。

重點摘要

> 多數新創企業需要資金來啟動與延續業務。

> 集資來源非常多元，從自有資金到尋求外部專業投資人的協助，以及向銀行貸款等。

> 引進外部投資人意味著為了取得資源與專業知識而放棄控制權與所有權。

新創募資或許很難，但是再怎麼難，
也不會比平行路邊停車難。──Napkin Finance ☺

1. 「創業」的意思可能是：
    a. 打造一個應用程式。
    b. 開餐廳。
    c. 在網路上銷售手工藝品。
    d. 以上皆是。

2. 下列何者不是創業的好處？
    a. 留下利潤、大展宏圖的機會。
    b. 保證成功率。
    c. 讓夢想成真的機會。
    d. 自己當老闆的機會。

3. 下列敘述正確或錯誤？如果你的商業概念失敗，就不該再試一次。
    ○ 正確　　　○ 錯誤

4. 要從零開始啟動新創事業，需要：
    a. 概念、團隊和產品。
    b. 產品原型、經銷網路和製造廠。
    c. 非常優秀的宣傳計畫，以及奶奶給的一大筆錢。
    d. 祖克柏的一撮頭髮、馬斯克的一滴眼淚，還有一隻巫毒娃娃。

5. 下列敘述正確或錯誤？透過現有的企業尋找商業模型的靈感是違法行為。
    ○ 正確　　　○ 錯誤

6. 成立新創企業的流程包括：
    a. 舉辦熱狗大胃王比賽。
    b. 決定要讓你的公司股份在那斯達克還是紐約證交所掛牌。
    c. 研究市場與募集資金。
    d. 完成一場忍者武士障礙賽。

7. 商業計畫對所有人都很重要，但下列理由何者不正確？

    a. 商業計畫是你和公司投資人之間一種具法律約束力的契約。
    b. 它能幫你說服投資人為你的概念提供資金。
    c. 它能幫你參透你的創業概念。
    d. 根據商業計畫來衡量你目前的進展，能夠幫助你循序漸進，堅持到底。

8. 撰寫商業計畫應該：

    a. 採用莎士比亞最愛的五步抑揚格。
    b. 根據你的感覺，可長、可短。
    c. 向你的所在州的主管機關申報。
    d. 如果你希望每個人都認真看待你的商業計畫，就必須採用 Comic Sans 字體。

9. 下列敘述正確或錯誤？商業計畫有可能只是寫在餐巾紙上的一個粗略構想。

    ○ 正確　　○ 錯誤

10. 下列何者不是新創事業的可能集資來源？

    a. 宰掉小豬撲滿。
    b. 天使投資人。
    c. 次級市場發行。
    d. 新創企業孵化器。

11. 為你的新創企業向外部募資的好處，可能包括：

    a. 更容易取得資金，更有機會認識能夠幫助你增長事業的良師益友，和他們建立良好關係。
    b. 讓你可以用更自主的方式經營事業。
    c. 讓平常交往圈以外的人失望。
    d. 終於有機會擺脫你在高中畢業紀念冊被貼上「最有可能到30歲還跟爸媽同住的人」的尷尬標籤。

12. 為你的新創企業向外部募資的缺點，可能包括：

  a. 如果公司營運失敗，必須承擔向股權投資人還款的法律責任。
  b. 放棄股權與控制權。
  c. 如果你失敗了，可能會被剁下幾根手指頭。
  d. 必須向你的投資人解釋，為何公司營收沒有進帳，所有創辦人都有一輛特斯拉。

13. 下列敘述正確或錯誤？辦理IPO，通常是基礎比較穩固的公司使用的集資選項之一。

  ○ 正確　　○ 錯誤

解答

1. d	4. a	7. a	10. c	13. t
2. b	5. f	8. b	11. a	
3. f	6. c	9. t	12. b	

巫毒經濟學

經濟體系

GDP

什麼是GDP？

國內生產毛額

一定時期內，一國經濟活動產出的總價值

為什麼GDP很重要？

- 衡量一個經濟體系的規模
- 經濟成長或萎縮？
- 成長或萎縮的速度？

有趣的事實！
世界GDP前三大

美國

中國

日本

如何衡量？

消費 + 投資 + 政府支出 + 出口減進口

GDP

GDP即「國內生產毛額」（gross domestic product），用來衡量一個經濟體系的規模。本質上，它是一個國家在特定年度（或其他期間）所生產的全部商品與勞務的價值總和。

GDP為什麼很重要？

追蹤與記錄GDP，就能夠了解兩件事：

> 一國經濟體系的整體規模。

> 這個經濟體系是在成長或萎縮，成長或萎縮率又是多少？

投資人、政府和其他人都密切觀察GDP，因為一般人將GDP視為衡量當前經濟表現的最佳指標。

在景氣良好時期，GDP應該穩定增長（這稱為「經濟擴張」），勞工通常能夠找到就業機會，企業經營有獲利，股票通常上漲。

當經濟萎縮，各項事態就會出現相反的狀態，這稱為「經濟衰退」。經濟衰退可能意味著勞工面臨失業窘境，企業則開始虧本。如果不設法阻止，經濟衰退有可能轉變成經濟的死亡螺旋，例如1930年代的大蕭條（the Great Depression）。政府為了了解經濟是否有可能走向衰退而密切觀察GDP，以便採行防止經濟衰退或減緩衰退程度的對策。

GDP如何衡量？

GDP包括四項基本要素：

> 消費 —— 幾乎包含你（和其他人）購買的所有事物，像是新車、運動衫或零食等，都會被加進GDP。

> 投資 —— 包括企業興建的新廠房，或是營建商新建的一批新公寓等。

> 政府支出 —— 這個類別涵蓋了國防軍事支出，到地方政府的鋪路支出等林林總總的項目。

> 出口減進口 —— 如果一國出口的商品與勞務多於進口，這項要素就是GDP的加項；如果一國的進口超過出口（稱為「貿易逆差」），那麼兩者的差額就是GDP的減項。

有趣的事實

> 美國的GDP大約是20兆美元，是世界第一大經濟體，其次是中國和日本。

> 如果加州是一個國家，它的經濟規模排名將是世界第五大，領先英國、印度與法國。

> GDP只包含檯面上的交易；換言之，非法毒品交易、娼妓交易與鄰居之間的檯面下保母支出，都不會被納入GDP。

重點摘要

> GDP用來衡量一個經濟體系的經濟規模。

> 投資人會密切觀察GDP，從中了解經濟體系目前的表現。

> GDP包括個人、企業和政府購買的所有商品及勞務，但不包括黑市或檯面下的經濟活動。

女明星參加奧斯卡頒獎典禮花費的梳化預算，似乎超過某幾個小國的GDP總和。

——Napkin Finance ☺

通貨膨脹

什麼是通貨膨脹？

物價長期上漲的現象

價格
上漲

衡量方式：
CPI＝消費者物價指數

好處與壞處

正面的：
- ⊕ 薪資上漲
- ⊕ 有助經濟成長
- ⊕ 對貸款人有利

負面的：
- ⊖ 較高費用
- ⊖ 過高通貨膨脹＝對經濟成長不利
- ⊖ 對放款人不利

導因

經濟表現
強勁

能源
價格

政府
政策

有趣的事實！

大麥克指數：追蹤世界各地
大麥克漢堡價格變化的
另類物價衡量指標

通貨膨脹

1980年，一張電影票要價不到3美元；如今，一張電影票平均要價約9美元。物價長期上漲的現象，就稱為「通貨膨脹」（inflation）。

為什麼發生通膨？

通膨是很多不同因素造成的，包括：

> 經濟表現熱絡 —— 經濟成長通常伴隨著至少某種程度的通貨膨脹。如果一家企業的獲利很好，可能較慷慨為員工加薪。若民眾感覺工作有保障，或許會花比較多錢；民眾花錢愈大方，物價愈傾向上漲。

> 能源價格 —— 經濟體系在很多方面，仰賴石油和其他能源支持。當能源價格上漲，製造產品、運輸產品與店鋪電費等都會上漲，這意味著商品及勞務價格也傾向上漲。

> 政府政策 —— 如果政府減稅、調降利率或印鈔票，通常會促進經濟成長與通貨膨脹。

有利或不利？

用1980年代的物價水準消費 —— 3美元買一張電影票，或10萬美元買一棟房子，聽起來或許超棒的。但是，某種程度的通膨，有助於潤滑經濟體系的齒輪。另外，一點點的通膨也比有陷入通貨緊縮（物價下跌）的風險好，因為通貨緊縮可能將經濟體系推向全面蕭條的狀態。

> 「通貨膨脹就是：想當年還有頭髮時，只花5美元就能獲得價值10美元的理髮服務；現在沒有頭髮了，卻得花15美元，才能獲得只值10美元的理髮服務。」
>
> ——山姆·尤恩 Sam Ewing，美國職棒大聯盟退役球員

政府政策會影響通膨（請見本章稍後的「聯準會」段落），很多政府一心一意追求大約 2% 的通膨年率，因為它們認定那樣的通膨率，是維持穩定、有益通膨的甜蜜點。

如何衡量通膨？

政府是以各種物價指數來追蹤通貨膨脹，做法如下：

第 1 步：經濟學家選擇一籃子假想的商品與勞務組合，這一籃子的商品及勞務，足以代表一個典型家庭在一段期間內會購買的商品及勞務。

第 2 步：長期記錄、追蹤這一籃子商品與勞務的價格變化。

第 3 步：隨著民眾購買各種商品與勞務的習性發生變化，這一籃子的商品與勞務可能會進行微調，價格也可能會考慮品質改善的因素而進行調整。舉例來說，智慧型手機價格高於傳統折疊手機，原因不僅是通膨，也可能是因為前者的技術較先進。

在美國，衡量通膨的主要指標，稱為「消費者物價指數」（Consumer Price Index, CPI）。

有趣的事實

> 衡量物價變化的替代指標之一是大麥克指數（Big Mac Index）。沒錯！這項指標就是衡量在不同國家銷售的大麥克漢堡的長期價格變化。

> CPI 的爭議性極高，有些專家主張，它的計算方式傾向不切實際地低估通膨，而這有助於政府降低成本，因為某些政府支出必須隨著通膨率上調，例如社會安全福利金支出。

重點摘要

> 通貨膨脹是形容經濟體系的各種價格隨著時間上漲的現象。

> 雖然商品與勞務漲價似乎是不好的，但一般認為，緩慢上漲且穩定的通膨率，對經濟體系有利。

> 通膨率通常會受經濟成長、政府政策、原物料商品價格與其他因素影響。

通貨膨脹很討厭，它意味著每個人都很有錢，但沒人真正買得起什麼。

——Napkin Finance ☺

經濟衰退

什麼是經濟衰退？

經濟規模萎縮

經濟衰退時，
會發生什麼狀況？

杜魯門總統

當你的鄰居失業，
代表經濟陷入衰退。
等到你也失業了，
代表經濟陷入蕭條。

信心滑落

銀行放款
減少

惡性循環

民眾&企業
減少支出

股票下跌

裁員

美國的經濟衰退期
平均為1.5年

導因

 泡沫破滅　 利率走高　 通貨膨脹　 油價上漲　 意外衝擊事件

經濟衰退

「經濟衰退」（recession）是指經濟規模萎縮，而非成長；更具體來說，經濟學家通常將它定義為「GDP至少連續兩季下降。」

經濟衰退會發生什麼狀況？

經濟衰退是指經濟陷入向下沉淪的螺旋。有時，衰退程度可能相當溫和，經濟體系（可能是在政府的幫助下），在短短幾個月內便回到原本的軌道。不過，有時衰退程度可能非常極端。下列是經濟衰退時通常會出現的狀況：

> 信心滑落 —— 民眾和企業開始對經濟憂心忡忡，因為憂心忡忡，所以出手變得不那麼大方。

> 利潤減少 —— 當民眾和企業出手變得較不大方，企業獲利就會減少，甚至轉盈為虧。

> 勞工失業 —— 由於獲利減少，企業會試著削減成本，這意味著裁員。

> 股票下跌 —— 如果企業的盈餘減少，股票就會變得比較沒有價值。股票下跌會使得問題變得雪上加霜，因為民眾和企業會因為股票下跌，感覺自己的財富縮水了（因為持股的投資價值降低了），這意味著民眾與企業將進一步縮減支出。

> 銀行放款減少 —— 由於經濟體系向下沉淪，銀行開始擔心先前的放款有無法回收之虞。放款減少，也會使經濟衰退的問題變得雪上加霜。

經濟衰退的導因

經濟衰退的原因錯綜複雜，連專家都對經濟衰退的精確導因抱持不同看法；不過，經濟衰退應可局部歸咎於下列導因：

> 泡沫破滅
  > 如果特定投資標的的價格一路飆漲，漲到遠遠超過實際價值，就稱為「泡沫」。當泡沫破滅，這項投資標的的價格就會快速下跌，並可能將其他投資標的的價格一起拖下水。
> 利率走高
  > 較高的利率，會對經濟體系造成緊急煞車的效果。
> 通貨膨脹
  > 極高的通貨膨脹，會導致經濟體系難以順暢運轉。
> 油價
  > 過去幾次經濟衰退，至少都局部導因於油價的突然飆漲。
> 意外衝擊事件
  > 九一一恐怖攻擊事件可能是導致經濟在2001年陷入衰退的局部原因，因為該起事件導致股市與消費者信心受創。

經濟衰退是怎麼結束的？

經濟體系傾向維持「成長－衰退」的週期性波動。美國經濟一旦陷入衰退，最終一定會結束，而且通常是在政府實施提振經濟的政策後結束衰退。

有趣的事實
> 美國經濟衰退的平均延續期間，大約是一年半。
> 2007年至2009年的經濟大衰退（the Great Recession）期間，美國有超過500家銀行倒閉。在大蕭條期間，有大約7,000家銀行倒閉（也因如此，美國人目前才能享受FDIC存款保險的保障。）

重點摘要

> 經濟衰退是指經濟規模萎縮。

> 經濟衰退時期的現象包括：信心滑落、利潤減少、所得降低，以及失業增加。

> 經濟衰退看起來、感覺起來都很糟糕，但美國的經濟衰退最終一定會結束。

只要謹慎規劃、努力工作，並且和另外五個人共享Netflix帳號，
你最後一定能夠擺脫經濟衰退的衝擊，恢復活力。——Napkin Finance ☺

THE FED

什麼功能？

據說，
只要他動一下眉毛，
利率即將調整

艾倫‧葛林斯潘
Alan Greenspan
聯準會前主席

聯邦準備理事會／聯準會
美國的中央銀行

維持經濟＆金融體系順暢運作

目標

就業最大化　　　　　控制通貨膨脹

如何達標？

買賣投資標的　　控制短期利率　必要時採用其他工具

政治力介入？
聯準會主席由美國總統任命，但理當必須獨立於政治力的影響

聯準會（The Fed）

聯準會（The Federal Reserve System, the Fed）是美國的中央銀行，主要職責是確保美國經濟與金融體系維持順暢的機能運作。

目標

The Fed有兩個官方目標：

> 使永續就業人口最大化。

> 支持穩定的物價（也就是監理通貨膨脹），維持適當水準的長期利率。

如何達標？

下列是The Fed的工具箱：

工具	運作方式	為什麼採用這項工具？
利率	The Fed控制了極短期的利率。雖然並未直接控制民眾的房貸利率或信用卡循環利率，它的行動卻能影響這些利率。	• 降低利率能夠加速經濟成長與通貨膨脹。 • 提高利率則會對經濟成長與通貨膨脹造成阻礙。
市場操作	The Fed可能買進與賣出美國政府債券，在某些狀況下，也會購買其他投資標的。	• 藉由購買長期債券來促使長期利率降低，這有助於進一步促進經濟成長。 • 購買證券會產生為經濟體系挹注資金的效果，也因如此，民眾才會以「印鈔票」來形容這種操作。 • 為了因應2008年至2009年全球金融危機，The Fed購買了數兆美元的房貸擔保證券，協助穩定經濟體系。
隨機應變	如果經濟體系陷入困境，The Fed可能提出各種創意解方，協助經濟走出困境。	在金融危機爆發期間，The Fed也設法協助協調銀行併購案，讓即將倒閉的銀行可被其他機構收購，而不是直接宣告破產，從而防止大規模銀行倒閉事件發生。

重要須知

由於聯準會有時可能需要採取一些不受執政黨歡迎的行動，例如在經濟過熱時提高利率，所以理當獨立於政治力的影響。然而，聯準會主席是由美國總統任命，所以美國總統試圖影響聯準會的消息時有所聞。

有趣的事實
> 聯準會是「抽象印鈔」，不是真的印鈔，實際上印鈔票的機關是財政部。
> 股市通常會在聯準會表明（或暗示）可能降低利率時上漲，並在它宣布提高利率的計畫時下跌。以前較警覺的交易員會仔細觀察聯準會前主席葛林斯潘（Alan Greenspan）的一舉一動，細微到觀察他的眉毛有沒有挑動，以尋找攸關聯準會後續可能動向的線索。

重點摘要
> 聯準會的目標是：維持美國經濟與金融體系的穩定發展。
> 聯準會控制某些利率，而且可能以其他方式（視當時需要而定）影響金融體系。

聯準會是美國經濟的監理者，而交友軟體Tinder是你我戀愛生活的監理者。

——Napkin Finance ☺

---

1. **GDP 代表：**

   a. 產品需求的成長（Growth of Demand for Products）── 表示經濟體系今年度需要的商品與勞務較前一年度增加多少。

   b. 國內生產毛額（Gross Domestic Product）── 一國在某個期間生產的全部商品與勞務總值。

   c. 每日毛利（Gross Daily Profits）── 經濟體系在特定日期的平均利潤金額。

   d. 政府惡作劇（Government Doing Pranks）── 總統內閣的 YouTube 頻道，閣員們在這個頻道發表跑酷影片。

2. **GDP 被視為衡量下列何者的最佳指標？**

   a. 目前的經濟狀況。

   b. 通貨膨脹水準。

   c. 你的英文學位的投資報酬率。

   d. 成功約到高中畢業舞會舞伴的可能性。

3. **下列何者不是 GDP 的組成要素？**

   a. 投資。

   b. 政府支出。

   c. 地下經濟交易。

   d. 出口減進口。

4. **下列敘述正確或錯誤？中國是世界最大經濟體。**

   ○ 正確　　　○ 錯誤

5. **通貨膨脹是：**

   a. 政府誇大 GDP 的水準。

   b. 你透過 Tinder 交友軟體認識的約會對象謊報身高。

   c. 你吃了太多墨西哥捲餅。

   d. 商品與勞務價格長期上漲的現象。

6. 通貨膨脹是：

   a. 絕對不好的，因為代表商品與勞務的成本上漲，民眾能夠買到的商品與勞務數量變少了。

   b. 只要通貨膨脹緩慢且穩定上升就是好的。

   c. 不好的，因為你想穿高跟鞋去約會。

   d. 另一種讓你感到自己很窮的方法。

7. 通貨緊縮是：

   a. 你的銀行存款變少了。

   b. 你的暗戀對象對你的自尊心造成的打擊。

   c. 經濟成長轉為負數。

   d. 商品與勞務價格長期下跌。

8. 下列何者代表經濟陷入衰退？

   a. 經濟成長轉為負數。

   b. 失業率降低。

   c. 你最愛的節目上一季剛結束，新一季還沒開播，所以你處於收視空窗期。

   d. 你發現錢包沒有錢了。

9. 下列何者不是經濟衰退時期通常會發生的現象？

   a. 股票下跌。

   b. 勞工失業。

   c. 政府關門大吉。

   d. 銀行放款減少。

10. 下列敘述正確或錯誤？美國過去的經濟衰退最終都會結束。

   ○ 正確   ○ 錯誤

11. 聯準會是：

   a. 美國的中央銀行。

   b. 美國通貨的主要發行者。

   c. 尼可拉斯・凱吉（Nicolas Cage）的新電影。

   d. 我國的水庫。

12. 聯準會的主要目標是：

    a. 讓人感覺美國還有人在指揮。

    b. 年度GDP成長最大化。

    c. 永續就業人數最大化與監理通貨膨脹。

    d. 和祖克柏來張自拍。

13. 聯準會可用來實現其既定目標的主要工具包括：

    a. 懲罰在經濟衰退時期資遣勞工的大型企業。

    b. 提高或調降短期利率，以及買進與賣出證券。

    c. 在經濟急速崩落之際，從天空拋下一袋袋的現金。

    d. 在宜家家居（Ikea）有賣的L型扳手。

14. 下列敘述正確或錯誤？聯準會理當獨立於政治力的影響，因為它有時可能必須採取一些促使經濟成長趨緩的行動。

    ○ 正確   ○ 錯誤

解答

1. b	4. f	7. d	10. t	13. b
2. a	5. d	8. a	11. a	14. t
3. c	6. b	9. c	12. c	

財務報表入門

了解企業經營績效

財務報表

什麼是財務報表？

揭露企業財務體質 & 績效的報告

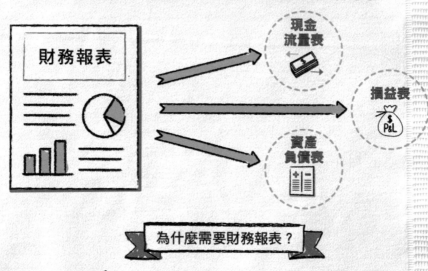

財務報表

現金流量表

損益表

資產負債表

為什麼需要財務報表？

➡ 內部

持續成長？

現金充足？

資源管理

⬅ 外部

優質投資標的？

經營階層評鑑

警訊？

財務報表

財務報表是指企業為衡量當前經營績效而編製的報告。

財報類型

企業通常會編製三項主要的報表，包括：

報表名稱	內容	為何重要？
資產負債表	一家公司在特定時間點，擁有什麼資產、積欠什麼債務。	顯示該公司是否有足以履行責任的資源。
損益表	特定期間（如一年）內的銷貨收入、費用和利潤。	利潤的趨勢對外部投資人與公司本身都極端重要。
現金流量表	特定期間內流入與流出的現金。	利潤與現金是衡量不同的事物，但兩者都很重要。舉個例子，由現金流量表可以看出顧客是否付款給公司。

財報為什麼很重要？

財務報表對公司本身很有用，因為從財務報表便可了解：

> 哪些業務環節蓬勃發展，哪些又陷入苦戰？

> 整體利潤是萎縮還是成長？萎縮或成長多少？

> 公司是否有足夠的現金，可以維持順暢運作？

> 公司的債務負擔是否合理？

外部投資人、監理者和其他使用者也會使用財務報表，目的是：

> 判斷是否要購買一家企業的股票，同時預測它未來的利潤。

> 判斷一家企業是否有能力償還貸款。
> 試著確認該公司沒有做假帳，或從事任何不法勾當。
> 釐清企業經理人所做的各項業務投資決策是否正確。

有趣的事實

> 典型的創意會計花招之一是，企業誤將例行性營業費用分類為「投資」。這種行為意味著該公司並未在損益表中計入那些費用，利潤將遭到虛灌，例如：世界通訊（WorldCom）公司。

> 會計師負責為奧斯卡計票——《樂來越愛你》（*La La Land*）被錯頒為奧斯卡最佳影片，都是那些會計師的錯。

重點摘要

> 財務報表被用來衡量一家企業的財務績效。
> 主要的報表是資產負債表、損益表和現金流量表。

財務報表就是商業界的「你好嗎？」——Napkin Finance ☺

損益表（P&L）

一家企業的
收入&費用 ➡️ 一段期間內

包括

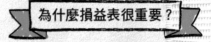
為什麼損益表很重要？

營收
（即銷貨收入）
－費用
————————
＝淨利益
即淨利
或淨損

是否賺錢？

費用變化？

最成功的商品？

是好投資嗎？

⬇️ The Bottom Line 一詞源於損益表，
因為淨利位於這項報表的最底端

損益表

損益表（profit and loss statement, P&L）會列出一家企業在某一特定期間內的收入及支付費用。

這份報表的基本公式是：

營收（即銷貨收入）－費用＝利潤（即淨利或淨損）

損益表揭露哪些資訊？

「營收」（即銷貨收入）非常好理解，即該公司經由主要的商業活動，取得多少金額的銷貨收入。以一家服飾店來說，營收就是它在那個期間的總銷貨收入，扣除所有退貨與折讓金額。

「費用」通常包含了各式各樣的成本，例如：

> 銷貨成本，也就是這家服飾店為了取得它銷售的服飾而付出的貨品成本。

> 員工工資。

> 租金、公用事業、行銷與其他基本營運費用等成本。

> 折舊——假設這家服飾店擁有一輛貨車，這輛貨車每年都會變得更老舊一些，價值也會折損一些。這項折損會透過「折舊」科目，列為該服飾店的成本。

> 所有債務的利息支出。

> 稅金。

為什麼損益表很重要？

> 損益表的主要作用，是釐清一家企業在特定期間內是否賺錢、賺了多少錢，或是虧了多少錢？

> 觀察一家企業不同部門的獲利能力，有助於改善公司整體的經營績效。舉例來

說，若前述這家服飾店透過飾品銷售獲得了25%的利潤，但銷售牛仔褲的利潤只有10%，而且飾品的銷量比較好，那麼店東可能會決定加強銷售飾品，減少對牛仔褲的投入。

> 潛在投資人在投入資金之前，可能會想要了解過去幾期的報表。

有趣的事實

> 特斯拉尚未出現年度獲利，市值卻高達數百億美元。一切只因為投資人認為，特斯拉總有一天會賺到很多利潤，所以它才能擁有這麼高的「身價」。

> 泰科（Tyco）公司執行長丹尼斯‧柯茲羅斯基（Dennis Kozlowski）因向公司報假帳而鋃鐺入獄，其中一項假帳標的是一面金紅相間、要價6,000美元的浴簾。

重點摘要

> 損益表揭露一家企業在一段特定期間內的銷貨收入、費用和利潤。

> 這項報表能為公司本身提供非常有用的寶貴資訊，這些資訊有助於制定企業經營決策；另外，這項報表也對潛在外部投資人非常有幫助。

關於利潤，寧可曾經擁有，也不要從未擁有。
——Napkin Finance ☺

資產負債表

一家公司在某個時間點**擁有的資產** & **積欠的債務**

資產 ＝ 負債 ＋ 權益

現金	債務	股本
機械	應付帳款	
		保留盈餘
土地	應付稅金	

重要須知
資產負債表無法
完整呈現一切

為什麼資產負債表很重要？

判斷財務　　　有助於　　　　評估　　　　長期
體質　　　　取得貸款　　公司價值　　監控變化

資產負債表

資產負債表（balance sheet）揭露了概要的財務體質，列出一家企業或個人在特定時間點擁有什麼資產、積欠什麼債務。

基本概念

資產負債表永遠不變的公式如下：

資產＝負債＋權益

「資產」是目前能提供或未來將提供利益的所有事物。「負債」則是未來將需要消耗公司（或你的）資源的一種責任。「權益」則意味所有權，等於資產減去負債。

資產負債表的內容

一家公司的資產負債表，可能揭露下列這些項目：

資產	負債	權益
<ul><li>現金與投資</li><li>應收帳款</li><li>存貨</li><li>機械</li><li>土地</li></ul>	<ul><li>債務</li><li>應付帳款</li><li>應付薪資</li><li>應付稅金</li><li>預收收入</li></ul>	<ul><li>股本（即所有權人投入公司的資金）</li><li>保留盈餘（即累積盈餘）</li></ul>

如何使用？

投資人可以利用資產負債表來達到下列目的：

> 釐清一家公司的股份應該價值多少錢。

> 評估該公司的財務體質是否良好。

放款人可以利用資產負債表來達到下列目的：

> 判斷是否應該對該公司貸放新資金。

> 釐清該公司是否有可能償還先前舉借的債務。

公司內部人可以利用資產負債表來達到下列目的：

> 釐清手邊是否有足夠的資金來應付即將發生的費用。

> 釐清過去一年公司的資產與負債有何變化。

有趣的事實

> 資產負債表不可能隨時呈現出公司的全貌。舉例來說，企業不能將優異的品牌或優秀的員工列為資產，儘管這些資產能為公司帶來極大的利益。

> 就現實世界的個案來說，「美化帳冊」一詞，並不像表面上看起來那麼無害，它意味著竄改帳冊的某些元素。

重點摘要

> 資產負債表揭露一家公司或個人在特定時間點持有的資產與積欠的負債。

> 投資人、放款人和公司內部人，可能基於各種不同目的而使用資產負債表。

資產負債表不要太過密密麻麻、宛如天書，會更親民一點。──Napkin Finance ☺

負債

個人或公司
必須履行的
責任

類型

個人負債

信用卡
債務

學貸

房屋
抵押貸款

未來必須
履行的責任

公司負債

債券

其他負債

稅金

退休金支出

好或壞

有助於
業務成長

未來
必須清償

負債

負債（liabilities）是指未來需要你（或公司）花錢或耗用資源來解決的事物。舉個例子，你的學生貸款就是負債的一種，因為你未來必須清償這些貸款。

類型

企業與民眾可能有各式各樣的負債：

企業	民眾
• 債券 • 對供應商的欠款 • 對員工的欠款 • 稅金 • 為退休者繳納的退休金支出	• 信用卡債務 • 學生貸款 • 房屋抵押貸款 • 待繳帳單 • 任何你承諾將在未來做的事

負債，好還是不好？

雖然「負債」一詞聽起來並不好（就像你叔叔在聚餐時亂發了一頓脾氣，就是一種「負債」），但舉債可能是有幫助的。如果你舉借學生貸款就可以上大學，你最終可能會因為舉借學貸而賺更多錢。

　　如果一家企業為了促進業務成長而舉債，它的財務狀況最終有可能變得更強健。如果一家企業是因為利潤而欠稅，或是因為業務蒸蒸日上而發生應付員工工資等負債，那麼它的負債可能不盡然是壞事。

　　負債可能有助於預測未來的資金流出量；不過，就負債本身而言，高負債不盡然是好事，也不盡然是壞事。

> 收到資金也可能產生負債。如果一家企業收到預付款項，就必須為這些預收收入創造一筆負債，因為它代表欠顧客某種事物。
> 企業可能成立獨立的法律實體，購買它本身的不良資產或代替它舉借額外的債務，這是另一種典型的會計花招。如果這個新實體在法律上是獨立的實體，那麼母公司可能無須在財務報表中揭露新實體的詳細資訊，最明顯的例子就是當年的安隆（Enron）。

重點摘要

> 所謂負債就是未來將會消耗你、另一個人或企業的資金或精力的事物。
> 任何型態的債務，通常都會被視為一種負債；和「未來提供勞務」有關的所有承諾，也將被視為負債。
> 雖然負債可能代表積欠的資金，但較高的負債不盡然是壞事。

負債的一些例子包括債務、官司，

以及喝得爛醉的婚宴賓客。──Napkin Finance ☺

10 章節測驗

1. 企業內部人可能利用公司的財務報表來達到下列哪種目的？

    a. 找出誰偷了影印紙。
    b. 釐清每個月使用了多少袋衛生紙。
    c. 釐清採用哪一種型態的會計騙局最有機會逃過法眼。
    d. 釐清哪些產品與勞務的銷售狀況最理想。

2. 外部人可能利用一家企業的財務報表來達到下列哪種目的？

    a. 竊取該公司的身分，申領它的退稅。
    b. 基於熱心，為董事會排名。
    c. 找出它的弱點，給予致命一擊，讓它從此消失在業界。
    d. 判斷是否要投資這家公司。

3. 下列何者不是主要的財務報表？

    a. 資產負債表。
    b. 利潤與負債表。
    c. 現金流量表。
    d. 損益表。

4. 下列敘述正確或錯誤？利潤與虧損表（profit and loss statement）與損益表是一樣的報表。

    ○ 正確　　　○ 錯誤

5. 損益表的基本公式是：

    a. 營收－費用＝利潤。
    b. 資產＝負債＋權益。
    c. 金錢＝快樂。
    d. 很久以前買進的比特幣＋谷歌的 IPO 股份＝豪華遊艇。

6. 費用可能包括：

    a. 辦公室同仁之間長達好幾小時的打屁時間。

    b. 辦公室的夢幻球隊輸球。

    c. 員工工資及銷貨成本。

    d. 對股東發放的股利。

7. 下列敘述正確或錯誤？若一家公司希望它的股票大漲，絕對必須擁有獲利的能力。

    ○ 正確　　　○ 錯誤

8. 資產負債表上揭露了：

    a. 特定期間內的資金流入與流出。

    b. 一家公司在特定時間點擁有的資產與積欠的債務。

    c. 一家公司去年一整年支付的費用。

    d. 一家公司的酸鹼平衡值。

9. 下列何者不屬於各式各樣的資產之一：

    a. 現金。

    b. 機械。

    c. 員工的平均教育程度。

    d. 土地。

10. 下列敘述正確或錯誤？權益 —— 即所有權、股權 —— 是一家公司的資產減去負債後的數值。

    ○ 正確　　　○ 錯誤

11. 企業的負債可能包括：

    a. 銷貨成本。

    b. 在公司的大型集會上，被強迫與員工配偶交談。

    c. 特別為千禧世代提供的辣醬費用。

    d. 對供應商、員工與其他人的欠款。

12. 個人負債可能包括：

    a. 你的信用卡費與你的學生貸款。
    b. 你的 401(k) 提撥款，以及利用自動轉帳功能轉入儲蓄帳戶的資金。
    c. 因為爛醉而失去傳簡訊給前任的能力。
    d. 忘記清除你的網路瀏覽紀錄。

13. 下列敘述正確或錯誤？當一家企業收到一項未完工專案的付款，就會產生一筆負債。

    ○ 正確　　　○ 錯誤

解答

1. d	4. t	7. f	10. t	13. t
2. d	5. a	8. b	11. d	
3. b	6. c	9. c	12. a	

11

貨幣的未來

加密貨幣

加密貨幣

可經由電子傳輸寄送的數位通貨

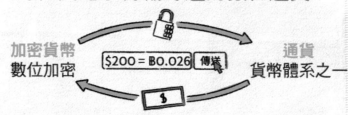

加密貨幣
數位加密

$200 = B0.026 傳送

通貨
貨幣體系之一

加密貨幣	VS	法幣
去中心化		集中式
數位交易媒介		有形交易媒介
供給有限		供給無限 ∞
全新貨幣		歷史悠久
匿名		非匿名

風險

⚠ 駭客
⚠ 詐騙
⚠ 沒有保障
⚠ 波動性

例子

| 比特幣 | 以太幣 | 瑞波幣 | BCASH幣 | EOS幣 | 恆星幣 | 萊特幣 | 卡丹諾幣 | 物聯網幣 | 泰達幣 |
| BITCOIN | ETHEREUM | RIPPLE | | | STELLAR | LITECOIN | CARDANO | IOTA | TETHER |

加密貨幣

加密貨幣是可經由電子管道寄送到世界上任何角落的數位通貨。

加密貨幣 vs. 傳統通貨

加密貨幣是一個仰賴精密加密技術（encryption，所以才會有「加密貨幣」之稱）與線上使用者網路才能正常運作的系統。相較之下，傳統通貨是由政府支持。下列是這項差異所代表的真正含義：

加密貨幣	法幣／傳統通貨
去中心化系統——沒有一個人、政府或股份有限公司能夠控制加密貨幣。	集中式系統——傳統通貨是由政府實體所發行與監理。
數位——加密貨幣只存在於網路，只能透過線上交易。不過，某些公司很樂於將它們所謂的「實體比特幣」（實際上只是紀念品）賣給你。	有形——傳統貨幣也可以數位形式存在，如銀行帳戶中的存款數字，但有實體的鈔票和硬幣。
供給有限——加密貨幣的供給量通常是有限的，這讓它具備長期保值的特點。	供給無限——政府隨時都可以印製更多貨幣，而印鈔票可能導致法幣因通膨貶值。
匿名——加密貨幣交易無法追溯到任何真人身上。	非匿名——傳統交易通常可以追溯到源頭。
全新的貨幣——史上第一種加密貨幣比特幣，在2009年發行。	歷史悠久——主流通貨早在非常久遠前就已存在。

快速致富，高風險

加密貨幣是一項令人悸動但有點爭議的金融發展。

有些投資人因為這些貨幣的價值暴漲，幾乎在一夜之間成為百萬富翁。不過，巨大的報酬可能也意味著巨大的虧損風險，投資加密貨幣的風險包括：

> 駭客 —— 儲存加密貨幣的數位錢包，可能很容易被駭客入侵。

> 騙局 —— 騙子可能大肆為某種虛假的新加密貨幣宣傳，得逞後便從人間消失。

> 沒有保障 —— 如果你的加密貨幣明天突然消失或變得一文不值，你也無法做任何事來補救。

> 波動性 —— 加密貨幣的價格，有可能突然從零飆漲至數千美元，並在一瞬間又跌回原點。和加密貨幣相比，股市簡直就是溫順的小貓咪。

「長期而言，虛擬通貨可能大有可為，尤其若相關創新能夠促成更快速、更有保障，且更有效率的支付系統。」

——班·伯南奇
Ben Bernanke，
聯準會前主席

有趣的事實

> 2019年的市場上，有超過2,000種加密貨幣存在，總價值合計超過1,000億美元。

> 新科加密貨幣百萬富翁都有一個共通點：熱愛蒐集《魔法風雲會》（*Magic: The Gathering*）卡片。近幾年，最高價的《魔法風雲會》的卡片價格，因為加密貨幣投資人的追逐，大漲了十倍。

> 你是否在尋找另一個揮霍加密財富的方法？可以試試《謎戀貓》（*CryptoKitties*），這是一個蒐集與出售數位貓咪的區塊鏈遊戲，曾有一隻加密貓咪以高達17萬美元的價格成交。

重點摘要

> 加密貨幣是一種透過使用者網路而存在於網路上的加密貨幣。

> 和傳統通貨不同的是，加密貨幣不受中央政府或其他實體控制。

> 有些加密貨幣投資人快速致富，但這類投資涉及非常大的風險。

加密貨幣無法仿造，不能像假柏金包那樣，用卡車載到街邊叫賣。

——Napkin Finance ☺

 比特幣

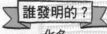
化名

中本聰

究竟是什麼？

世界上最普及的加密貨幣

數位貨幣

點對點交換

特色

快速　　匿名　　零手續費　　無須銀行帳戶　　去中心化　　無遠弗屆

風險　　　　　　何處　　　　　　如何

包括　　　　　　儲存　　　　　　取得

波動性

購買

收款

挖礦

BTC 2.08454186

比特幣

比特幣（Bitcoin）是世界上第一種加密貨幣，無疑也是目前最成功的加密貨幣。

比特幣的成功之路

2008 年：世界經濟陷入一團糟，世人對傳統金融體系的信心幾乎徹底淪喪。一位自稱中本聰（Satoshi Nakamoto）的作家（但實名不得而知）在此時發表了一篇研究報告，在文中解釋，點對點的數位貨幣應該能應付當時的局面。

2009 年：中本聰經由挖礦挖出了第一批比特幣，那批比特幣相當於一項新通貨剛印行的新鈔。他接著設定了比特幣兌美元的第一筆匯率，從此比特幣的買賣得以展開。

2010 年：一名加州人以1萬比特幣買了兩份披薩，這是史上第一宗以比特幣進行的實體買賣交易。

2012 － 2013 年：比特幣的價格突破100 美元，接著更漲到1,000 美元以上。

2014 － 2018 年：比特幣成為主流，目前它已是全球最大線上支付平台PayPal 和其他某些大型企業認可的付款形式。2018 年，有二十分之一的美國人多少持有一些比特幣。

如何取得？

取得比特幣的方法有三種：

> 購買 —— 你可以用另一種通貨，例如美元，購買比特幣，就像以美元交易歐元或其他傳統通貨一樣。
> 收款 —— 你可以用商品或勞務換取比特幣。
> 挖礦 —— 你可以成為比特幣礦工，那是指投注大量運算能量來解答複雜的數學問題，從而獲得比特幣報酬。

高還有更高，低也有更低

比特幣或許堪稱最「歷史悠久」的加密貨幣，但其實它的發展還處於非常原始階段。在這段短暫的歷史，比特幣的價格從每單位低於0.01美元，飆漲到2017年的近2萬美元，之後又下跌超過80%。

> 「它是宅男的黃金。」
> —— 史帝芬・科爾伯特
> Stephen Colbert，
> 美國電視節目主持人

有趣的事實

> 如果當初那個佛州披薩客，繼續持有他當時用來支付披薩費用的比特幣，那筆錢最終價值超過2,000萬美元。
> 一個倒楣的威爾斯人因為丟棄電腦硬碟，硬生生損失了價值超過1億美元的比特幣，目前這個裝置還深埋在他家附近的垃圾掩埋場裡。
> 據報導，溫克勒佛斯（Winklevoss）雙胞胎兄弟〔《社群網戰》（*The Social Network*）一片裡的名人〕投資了非常多比特幣，一度成為比特幣億萬富翁 —— 以比特幣價格一落千丈前的價格計算。

重點摘要

> 比特幣是史上第一種且最歷史悠久的加密貨幣。

> 雖然目前和某些大型企業之間的往來可以使用比特幣，但是它還沒有獲得廣泛認同，而且價格經常劇烈起伏。

> 你可以藉由購買、收款或挖礦等方式取得比特幣。

世界上最有趣的事，莫過於聽到某個剛搞懂比特幣的人，
向另一個未曾聽過比特幣的人，解釋什麼叫比特幣。——Napkin Finance ☺

首次代幣發行
ICO INITIAL COIN OFFERING

什麼是ICO？

企業募集資金的方法之一

如何進行？

出售加密貨幣的 代幣

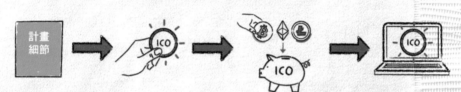

計畫細節	代幣	支持者購買	新貨幣發行
白皮書	代幣	支持者購買	新貨幣發行

為何新創企業 ♥ ICO？

較低集資
成本

更有
掌控權

所有權
不被稀釋

有趣的事實！
小佛洛伊德・梅偉瑟
（Floyd Mayweather）
支持的ICO，成功募到
3,000萬美元

ICO

首次代幣發行（initial coin offering, ICO）指企業藉由發明與發行新型態數位貨幣來募集資金，這是集資方法的一種。通常早期的投資人會成為公司的局部股東（例如投資該公司的IPO），不過以辦理ICO的企業而言，投資這些企業的人是收到一種新通貨，這項通貨最終可能價值很多的實際貨幣，但也可能變得一文不值。

ICO的流程

在ICO活動進行期間：

> 發行貨幣的公司會出售「代幣」。
> 支持者通常以某種基礎較穩固的虛擬貨幣，像是以太幣或比特幣，向發行公司購買這些代幣。
> 如果在預定期間內募集到的資金達到最低門檻金額，這些代幣就會轉換為這項新型加密貨幣。
> 如果募集到的資金未達預定的最低門檻金額，通常就會把資金返還給投資人。

為什麼新創企業喜歡ICO？

採用ICO的企業將因ICO獲得很多好處，包括：

> 較低的集資成本 —— 企業辦理ICO的程序比辦理IPO簡便，成本也較低。
> 不會發生所有權稀釋的問題 —— 當一家企業出售股份，原有股東的所有權部位就會降低。若採用ICO，現有股東將保有原本的持股比例。
> 更大的掌控權 —— 當一家創投資本公司投資某家新創企業，該公司通常能取得對那家新創企業的話語權，但若採用ICO，創辦人通常能夠保住較大的掌控權。

ICO 對投資人的優點與缺點

優點	缺點
<ul><li>有機會從零開始介入一家成功的新創企業。</li><li>支持者可能享受到局部的破壞性成長動能。</li><li>可能賺很多錢。</li></ul>	<ul><li>揭露資訊不足。</li><li>缺乏監理。</li><li>可能難以退出投資案。</li><li>被駭客竊取資金的風險。</li><li>代幣價值可能大幅波動。</li><li>碰上騙局的風險。</li></ul>

有趣的事實

> 許多運動員與名流紛紛跳上ICO行列，小佛洛伊德・梅偉瑟（Floyd Mayweather, Jr.）為一個區塊鏈預測市場推廣一項ICO，最後這個預測市場募集到3,000萬美元。

> 大麻幣（CannabisCoin）、貓幣（Catcoin）、性幣（Sexcoin）與華堡幣（WhopperCoin），都是實際存在的加密貨幣。如果你有足夠的華堡幣，就能在俄羅斯的漢堡王得到一個免費漢堡。

重點摘要

> ICO——借用IPO之意——是藉由打造新加密貨幣來募集資金的方法之一。

> ICO能為企業帶來非常大的利益，包括較低集資成本與更大的掌控權，不過可能對投資人造成極大的風險。

ICO和大富翁遊戲的鈔票有個差異：大富翁的鈔票可以回收。──Napkin Finance ☺

區塊鏈

什麼是區塊鏈？

安全的數位電子表格
賦予**比特幣**強大力量的破壞性技術

如何運作？

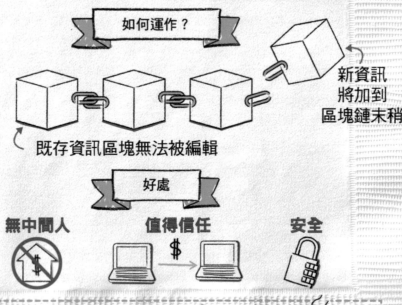

新資訊
將加到
區塊鏈末稍

既存資訊區塊無法被編輯

好處

無中間人　　　　**值得信任**　　　　**安全**

超越加密貨幣
範疇的應用　>　 合約　🩺 醫療照護　 投票

區塊鏈

區塊鏈（blockchain）是發展比特幣與其他某些加密貨幣的創新底層技術。區塊鏈的技術或許很難懂，只要知道一件事就好：區塊鏈的巨大創新，是要打造一個永遠也無法改變或破壞的永久紀錄。所以，它的實務應用很可能遠遠超出加密貨幣的範疇。

> 「區塊鏈是有花俏數學當靠山的紀錄保存技術。」
>
> ——愛德華・史諾登
> Edward Snowden，
> 稜鏡計畫告密人

區塊鏈如何生成？

區塊鏈就像一個巨大的公共電子表格，但和我們在 Excel 製作的表格並不一樣。一旦在區塊鏈製作一個項目，就無法變更這個項目。那是因為這個電子表格被加密，而且被散播到一個非常寬廣的用戶網路。

　　沒有人能夠編輯區塊鏈的既有項目，所以新的項目（以區塊的形式），會不斷地被加到區塊鏈的末稍。每個區塊會透過一系列數字，連結到它前面的區塊，所以最終就是一份不可更改的資訊歷史。

優勢

區塊鏈的最大優點包括：

> › 值得信任 —— 如果一項紀錄不可編輯，例如銀行不可能意外將你的帳戶餘額刪除一個 0，你就可以信任銀行。
>
> › 無中間人 —— 因為區塊鏈是散布到一個寬廣的網路，所以沒有任何中間人或中間集團可以控制資訊（或資金）的流動。
>
> › 安全 —— 因為資訊被加密且分散化，所以基本上任何個人或組織化團體，都不可能以駭客手法竊取資訊。

加密貨幣以外的範疇

區塊鏈擁有破壞無數其他產業的結構的潛力，包括：

> 合約 —— 不管是移轉不動產或商業契約的議定，有了區塊鏈技術之後，先前議定的所有條件都可被公開與核實，但也很安全。

> 醫療照護 —— 醫療提供者可以利用這項技術，以有效率且安全的方式分享敏感的資訊。

> 投票 —— 區塊鏈可充作安全、匿名但可核實的計票技術。

有趣的事實

> 因區塊鏈而得以發展的比特幣所使用的能源，超過159國的總能源使用量，因為比特幣的挖礦作業非常耗費能源。

> 英國音樂家伊莫珍·希普（Imogen Heap）正試圖利用區塊鏈建構一個音樂「公平貿易」系統，好讓藝術家能夠透過作品獲得適足收入。

重點摘要

> 區塊鏈是讓比特幣與其他加密貨幣得以發展的底層技術。

> 區塊鏈的巨大創新是，它打造了一個無法竄改的紀錄保存系統。

> 雖然區塊鏈主要用於加密貨幣用途，但它有被用於投票、合約、音樂產業等領域的潛力。

區塊鏈是讓比特幣得以強大的破壞性技術，
iPhone是讓人養成拖延習慣的破壞性技術。——Napkin Finance ☺

---

1. 加密貨幣是：

   a. 一種可讓你用來支應未來葬禮費用的免稅帳戶。
   b. 電子版的大富翁貨幣。
   c. 加密的數位通貨。
   d. 火人祭唯一接受的通貨。

2. 下列何者不是加密貨幣與傳統通貨之間的差異？

   a. 傳統通貨的價值受通貨膨脹保障，加密貨幣沒有這項保障。
   b. 傳統通貨有政府當後盾，加密貨幣沒有。
   c. 加密貨幣不能真的拿來灑錢。
   d. 上面有沒有國父肖像。

3. 投資加密貨幣的風險包括：

   a. 在派對上會太受歡迎。
   b. 引發機器人暴動。
   c. 政府有可能沒收你的加密貨幣。
   d. 價格起伏非常大。

4. 下列敘述正確或錯誤？目前市面上有超過兩千種加密貨幣。

   ○ 正確　　　○ 錯誤

5. 打造新比特幣的流程稱為：

   a. 挖礦。
   b. 鑄幣。
   c. 飄香。
   d. 洗錢。

6. 下列敘述正確或錯誤？比特幣被視為基礎最穩固的加密貨幣，因為它的價格非常穩定。
    ○ 正確　　○ 錯誤

7. 下列敘述正確或錯誤？比特幣是一種純數位貨幣，不能用來向任何傳統企業購買商品或勞務。
    ○ 正確　　○ 錯誤

8. 首次代幣發行，即ICO，是指：
    a. 可將退休積蓄100%投入的穩賺不賠管道。
    b. 一種企業集資選項。
    c. 電視購物公司出售紀念幣。
    d. 馬斯克的搭訕話術。

9. ICO對採用它的企業可能非常重要，因為：
    a. 這些公司將保證可以募到最低金額的資金。
    b. 政府嚴格監理ICO。
    c. 使用ICO的企業通常無須放棄任何股權或控制權。
    d. ICO會送免費的托特包。

10. 對於購買ICO的投資人來說，基本的利弊得失是：
    a. 是否要將利得投資到股票市場，或是投資更多ICO？
    b. 要用獲利購買特斯拉的Model S還是Model X？
    c. 是否要分散投資各種不同的ICO，還是要集中投資一項ICO？
    d. 賺很多錢的機會，以及虧掉所有投入資金的機會。

11. 區塊鏈是：
    a. 讓比特幣得以發展的破壞性紀錄保存技術。
    b. 比特幣挖礦電腦。
    c. 錄影帶連鎖出租店。
    d. 矽谷用來獨立建國的技術。

12. 區塊鏈的巨大創新是：

    a. 創造一批有能力騙過政府的人工智慧機器人。

    b. 創造一種高度安全的資訊儲存方法。

    c. 創造虛擬實境的破產情節。

    d. 為世界各地的電腦宅男創造一個終於走出去的機會。

13. 下列敘述正確或錯誤？區塊鏈的應用可能遠遠超出加密貨幣的範疇。

    ○ 正確　　　○ 錯誤

14. 下列敘述正確或錯誤？區塊鏈技術非常節能。

    ○ 正確　　　○ 錯誤

解答

1. c	4. t	7. f	10. d	13. t
2. a	5. a	8. b	11. a	14. f
3. d	6. f	9. c	12. b	

12

讓朋友刮目相看的話題

聚會談資

72法則

多長的時間　　　　　可以讓你的錢增加一倍

公式

將 **72** 除以利率

$$\frac{72}{報酬率} = 資金增加一倍所需年數$$

例子：72／6＝12年

72 法則

72 法則是用來釐清在固定利率或成長率的條件下，初期投入資金增長一倍所需要的時間，這個方法非常簡單，就像寫在餐巾紙上就能搞懂的那種概念。

如何運用？

這個法則是：只要將數字 72 除以你的年利率，即可知道答案。換言之，如果你的資金每年可獲取 7% 的利潤，那麼這筆資金將大約在

$$72/7 = 10.3 \text{ 年}$$

後增長為原來的兩倍。

如果你的資金每年只有 2% 的報酬率，那麼這筆資金將在大約

$$72/2 = 36 \text{ 年}$$

後增長為原來的兩倍（天呀，那可真久！）

72 法則的「能」與「不能」

72 法則是估計資金成長速度的簡單方法之一，但稱不上是精確計算。要精確計算資金成長一倍所需的時間，涉及更複雜的數學（線上計算機可能有幫助）。除此之外，在現實世界，報酬率並不見得每年都那麼一致，遑論每十年都相同。

運用訣竅

一如小學數學課堂上教的，分母愈大，計算出來的結果就愈小。所以，用膝蓋想也知道，加速資金倍數增長（而且繼續倍數增長！）的最好方法之一就是，設法找出較高的報酬率。你可以經由下列方式增長你的資金：

> 將長久不需要動用的資金投入股票 —— 股票的歷史報酬率為 10%，所以投資股

票大約平均每7年，投資人的資金就可以增長一倍。

> 避免投資零收益率的帳戶——不要把太多資金存在0%利率的支票存款帳戶，即使是緊急備用金都可以存在較高收益率的儲蓄存款帳戶。

> 把錢放著不要動，讓你的資金長期增長——72法則是採「複利成長」假設，如果你把每年賺到的報酬提領出來花掉，你的資金永遠不可能增長為原來的兩倍。

有趣的事實

> 雖然經常有人將72法則的發現歸功於愛因斯坦，但事實上，發現這條法則的人，比較可能是西元十五世紀末的義大利數學家盧卡‧帕喬利（Luca Pacioli），他也被稱為現代會計學之父。

> 要釐清你的資金要多久才能成為原來的三倍，只要將114除以你的利率即可。要釐清多久才能成為原來的四倍，就將144除以你的利率。

重點摘要

> 72法則是能迅速在給定的成長率條件下，釐清你的資金大約要多少時間才能增長一倍的簡單方法。

> 想讓資金更快速增長一倍，試著找出較高成長率的投資管道，例如投資股票，而且絕對要放手讓那些資金繼續成長，不能中途提領。

72法則是複利計算的捷徑，大啖甜甜圈則是累積脂肪的捷徑。

——Napkin Finance ☺

群眾募資

什麼是群眾募資？

向一般**大眾**募集資金

如何運作？

<u>達標</u>

提案	募資活動	訊息宣傳	贊助

類型

 財務報酬　　（權益）　&　（放款）

 非金錢報酬　（回饋）　&　（捐款）

有趣的事實！

女性主導的
募資活動
所募得的資金，
超過男性主導的
募資活動！

群眾募資

群眾募資（crowdfunding）是向很多民眾募集資金的方法之一，這個方法是拜網際網路之賜才得以落實。一般人可以利用諸如 Kickstarter 之類的群眾募資網站，推廣個人想要募資的概念，這類網站也是募資者收受贊助款項的平台。

如何運作？

典型的群眾募資活動，大致包含下列步驟：

第1步：先有概念。這個概念可能是你已經營了一段時日的概念，也可能是一個全新的概念。

第2步：釐清要多少資金，才能將你的概念轉化為事實。那個數字，將是你的募資目標。

第3步：選擇一個群眾募資網站（下一頁有美國主要的群眾募資網站清單）。

第4步：撰寫你的募資專案內容。找一些朋友幫你打造一個能夠贏得贊助的勵志故事。

第5步：展開募資活動。

第6步：透過社群媒體及所有可用的管道，積極推廣你的募資活動。盡可能讓最多人接受到你的訊息！展開病毒式行銷！

第7步：接受支持，達到或超越你的募資目標（希望如此）。

第8步：實踐你的概念。

群眾募資的類型

	說明	例子
捐款	純粹捐款給需要的人,不求回報。	GoFundMe, CrowdRise
回饋	贊助一筆錢(例如20美元)給想要開發某項產品的創業家,條件是一旦產品開發完成,你要收到。	Kickstarter, Indiegogo
權益	就像購買股票一樣,投資一些資金到一家新公司,取得局部的股權。	SeedInvest, Wefunder
放款	放款給需要錢的人,經過一段時間後,連本帶息收回款項。	LendingClub, Prosper

優點與缺點

	優點	缺點
對募資者而言	• 單純、相對容易,有可能接觸到廣大群眾。	• 最初你必須向認識的人要錢(這實在令人卻步)。 • 不保證能夠達標。
對贊助者／投資人而言	• 向活生生的人伸出援手,而不是幫助一些不知道主導者是誰的組織。 • 從一開始就參與某件很棒的事物。	• 沒有明顯的保障;有可能是騙局。 • 這種捐款經常不能抵稅。

有趣的事實

> 有些商業計畫雖然很草率，卻還是成功在 Kickstarter 募到成千上萬美元的資金，像是馬鈴薯沙拉製作、將影集《超時空奇俠》（*Doctor Who*）裡的警察崗亭發射到天體運行軌道，以及帶著萊諾‧李奇（Lionel Richie）的充氣頭像環遊全世界等異想天開的計畫。

> 女性主導的群眾募資活動募到的資金，通常高於男性主導的活動，可能是因為女性看起來比較可靠。

重點摘要

> 群眾募資是透過網路小額捐款來募集大量資金的方法之一。

> 群眾募資可用來徵求慈善捐款或創立新事業所需的資金。

> 雖然群眾募資對募資者和捐款人而言，可能都相對輕鬆、便利，但對雙方的保障或保證都非常有限。

主辦自帶美食聚餐，是為你的派對取得群眾募資的大好方法。

——Napkin Finance ☺

慈善 ♥

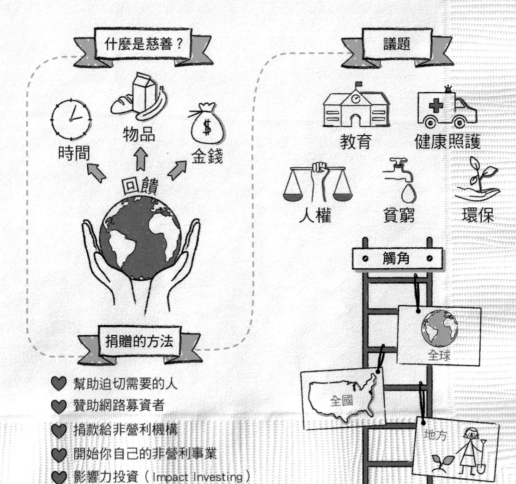

什麼是慈善？

時間　　物品　　金錢

回饋

捐贈的方法

♥ 幫助迫切需要的人
♥ 贊助網路募資者
♥ 捐款給非營利機構
♥ 開始你自己的非營利事業
♥ 影響力投資（Impact Investing）

議題

教育　　健康照護

人權　　貧窮　　環保

觸角

全球

全國

地方

慈善

慈善就是回饋，付出你所擁有的資源，包括你的金錢或有形的物品，或是時間和精力，幫助需要幫助的人。有些民眾可能是為了獲得所得稅寬減而從事慈善活動，有些人則是因為從事慈善讓他們感覺人生變得更有意義，得以有機會和其他人接觸，所以從事慈善活動。

「唯有回饋，人生才能更精進。」

—— 歐普拉，# Boss

捐贈的方法

助人的方式非常多，包括：

> 幫助和你住在同一區的弱勢者。

> 贊助網路募資者。

> 捐錢、物資、其他財產或時間給非營利機構。

> 打造你自己的非營利事業，解決其他人未曾試著解決的某項挑戰。

> 參與影響力投資 —— 用一種能增長資金且能幫助社會或地球的方式來投資。

議題

你可以捐贈給專門協助特定議題的組織，包含：

> 人權

> 教育

> 環保

> 健康照護

> 貧窮

你也可以想想要幫助多大範圍的組織，例如：

> 地方性 —— 幫助你家附近有需要的人，或是在本地的食物賑濟中心當志工。

> 全國性 —— 對天然災害的受害者捐款，或對醫療研究組織捐款，或是投入國內保育地的保育工作。

> 全球性 —— 捐款幫助世界上最弱勢的族群，協助將醫療照護引進戰爭區域，為難民提供食物，或為貧窮國度的孩童提供教育機會等。

> 「我尊敬每個試圖讓這個世界變得更美好、而非一味抱怨的人。」
>
> —— 麥可‧彭博
> Michael Bloomberg，
> 前紐約市長、慈善家

重要須知

如果你是基於所得稅寬減的目的而投入慈善，一定要搞懂相關規則。對個人的捐款，不管是捐給生活周遭的人，或是透過群眾募資平台捐款，通常不能納入所得扣除額。另外，必須採用列舉扣除額，才能獲得所得稅抵免的利益。

有趣的事實

> 世界各地許多億萬富翁經由「捐贈誓言」（The Giving Pledge，由巴菲特和蓋茲夫婦共同發起），將多數財富奉獻到慈善用途，目前已有將近兩百名富人簽署這項協定。

> 女性較男性更可能捐款給慈善機構；平均而言，女性的慈善捐款金額高於男性。

> 有些企業投入「透過商務捐贈」的活動來從事慈善，例如：眼鏡零售電商沃比帕克（Warby Parker）和鞋業公司湯姆斯（Toms）每賣出一副眼鏡或一雙鞋，就自動捐出一副眼鏡或一雙鞋。

重點摘要

> 慈善是將你生命中的任何資源，不管是金錢、時間或專業知識，捐獻出去。

> 捐贈的方法有很多，取決於你擁有什麼可捐贈的事物，或者你想要發揮什麼樣的影響力。

> 捐贈可能可以寬減所得稅，但所得扣除額的申報有一些具體規定和限制。

為「寒冬送暖」的照片按讚，實在稱不上慈善行為。

——Napkin Finance ⊙

避險基金 💲

監理鬆散的投資型基金

特色

| 只對有錢的
投資人開放 | 持有的投資標的
很有彈性 | 不透明 | 高手續費 | 贖回限制 |

重要須知

「避險」的意思＝
抵銷某項投資標的的風險

但很多避險基金
卻<u>不</u>避險

康乃狄克州的
格林威治

--- 有趣的事實！ ---
避險基金
國度首都

避險基金

避險基金一如共同基金，集合投資人的資金，聘請一位以上的專業經理人買賣投資標的。不過，和共同基金不同的是，避險基金的監理相當鬆散，風險通常很高；你可以將避險基金視為吃了類固醇的共同基金。

避險基金 vs. 共同基金

避險基金與共同基金的主要共同點都是基金（不意外），但兩者的差異非常多：

	避險基金	共同基金
誰可以投資？	只有有錢人 —— 監理機關規定，資產或所得達到特定最低門檻的人，才有資格投資避險基金。	任何人皆可投資。
基金能投資什麼？	幾乎所有事物皆可投資，從傳統的股票與債券，到衍生性金融商品，乃至保險契約等。	共同基金可投資的標的受到嚴格的法律限制，多數都堅守只投資股票與債券的原則。
你是否知道你的基金持有什麼投資標的？	不盡然。避險基金無須向投資人（或政府）揭露詳細的投資標的資訊。	是的，共同基金必須定期申報持有的每一項投資標的。
費用高不高？	非常高。典型的手續費結構是投入資金的2%，外加20%的利潤抽成。	中等。共同基金的平均年度手續費大約是資產的0.5%。
投資後，是否容易出場？	不容易。投資人可贖回（與禁止贖回）基金的時間通常有非常嚴格的限制。	容易。投資人通常可在任何一個市場交易日贖回共同基金的股份。

避險基金的類型

避險基金的型態非常多元，包括：

> 多空型基金 —— 賭某些股票將上漲、某些股票將下跌。

> 維權型基金 —— 承接問題企業的大量股權，並試圖逼迫那些企業做出能提升股票價值的改變。

> 宏觀型基金 —— 賭全球經濟大局的基金，例如賭中國將陷入經濟衰退，或賭美元將貶值。

> 不良債權型基金 —— 以極大折價購買瀕危企業的債務。

> 電影型基金 —— 某些避險基金會為電影提供融資。

> 藝術型基金 —— 有些避險基金管理一籃子的高價藝術品。

有趣的事實

> 「避險」一詞在投資領域有著具體的意義，意味著藉由投資一項標的來抵銷另一項投資標的的風險，以達到降低風險的目的。常見的錯誤理解之一是：避險基金會從事避險活動。有些避險基金確實會避險，但很多並不避險。

> 馬多夫的避險基金，一度被視為世界最大的避險基金。

> 矽谷堪稱科技國度的首都，而康乃狄克州的格林威治，則被視為避險基金國度的首都。

「避險基金的收費結構，顯示它還在尋找策略。」

—— 不可考

重點摘要

> 一如共同基金，避險基金也是集合投資人的資金、採取專業管理的基金。

> 但是，和共同基金不同的是，避險基金通常收取很高的手續費，對投資人揭露的資訊非常有限，而且可能對投資人的贖回設限。

> 雖然避險基金可能依循很多不同類型的投資策略，但這類基金通常是較高風險的投資選項。

避險基金說穿了只是投資合夥公司的一種花俏別稱，

就像 finger pants 是手套的花俏別稱。──Napkin Finance ☺

看不見的手

什麼是看不見的手？

理論：民眾基於私利而採取的
行動將使社會受益

出現在
↓

國富論

亞當・斯密

第1步
民眾
試圖賺錢

第4步
賺更多錢
人人變得更富裕

**如何
運作**

第2步
其他民眾
購買各種事物

第3步
好企業將有好發展
但壞企業停滯不前

為什麼？

資本主義優於共產主義的論據

看不見的手

「看不見的手」（the invisible hand）是亞當・斯密（Adam Smith）提出的經濟理論之一，主張當民眾基於私利採取行動，將始料未及地為整個社會帶來利益。這個理論主張，資本主義經濟體系裡有一隻看不見的手，引導每個人做出將對社會上多數人有利的行為。

> 「它不是來自為我們準備晚餐的屠夫、釀酒人或麵包師傅的善意餽贈，而是源自他們專注於追求個人利益的行為。」
>
> —— 亞當・斯密，
> 古典經濟學之父

如何運作？

「看不見的手」理論主張，資本主義會創造一種良性循環：

第1步：民眾試圖賺錢。他們先是開創公司，銷售商品與勞務。

第2步：其他人自行決定要購買多少特定事物。如果他們購買較多某一項事物，企業就會增產那項事物。如果他們購買較少某一項事物，企業就會減產那項事物。

第3步：好企業將有好的進展，壞企業沒有好的進展。

第4步：賺較多錢、花較多錢，較多人因此獲得就業機會，每個人都變得更富裕。

為何使用這項理論？

「看不見的手」理論，通常被用作支持資本主義（相對共產主義）的論據 —— 資本主義社會的民眾能夠自由決定要從事什麼樣的工作、自由決定如何花錢，而在共產主義社會，這種種事項是由政府決定。

	資本主義	計畫經濟（即共產主義）
你有什麼就業機會？	你能自由選擇工作，且能自由改變心意。	政府告訴你該做什麼工作。
你能買什麼東西？	只要負擔得起，可以買所有你想要的東西。	政府可能配給商品，或根據預先決定的標準來分配商品。
誰決定要生產什麼？	企業或其他生產者決定。	政府說了算，例如：政府要求鞋廠必須在某一年生產多少雙鞋子。
風險是誰承擔？	個人承擔風險。如果你賺不到錢，就可能淪為窮人。如果你表現卓越，就可能成為富翁。	社會承擔風險。沒有人變成富翁，也不會有人淪為窮人——理論上。

有趣的事實

> 讓亞當・斯密得以享用豐盛晚餐的，不僅僅是屠夫與麵包師傅的自利行為——他母親到過世前都還在為他煮飯，當時斯密已經六十好幾了。

> 且讓我改編一下傑夫・高布倫（Jeff Goldblum）在《侏羅紀公園》中的名言：資本主義終將找到活路〔他原本說的是：「生命終將找到活路。」（Life will find a way.）〕在諸如共產主義國家與監獄等受到限制的經濟體系，香菸、黃金與美元被當成另類通貨——不過，目前在美國的監獄，泡麵已經取代香菸，成為最熱門的通貨選擇。

重點摘要

> 「看不見的手」理論主張，若當局者允許民眾自行決定要賺多少錢、要買什麼東西，社會與經濟體系就會變得比較富裕。

> 這個理論經常被用來主張資本主義優於共產主義 —— 在共產主義國家，要生產什麼、民眾要從事什麼樣的工作，都是由政府規劃與決定。

你絕對不希望市場上那隻看不見的手送你一根手指頭。

——Napkin Finance ☺

賽局理論

什麼是賽局理論？

用來預測決策的模型

囚犯的兩難

典型的賽局理論範例
自利 vs. 全體更佳結果

我該坦白嗎？
不管他說什麼，
坦白對我比較好

我該坦白嗎？
不管他說什麼，
坦白對我比較好

預測 ➡ 兩人都將坦白＆鋃鐺入獄！

用於什麼場合？

商業談判　　　企業策略　　　博奕　　　軍事戰術

賽局理論

「賽局理論」（game theory）是預測民眾在兩難的局勢下將做出什麼決策的經濟模型。

例子

典型的賽局理論範例被稱為「囚犯的兩難」（prisoner's dilemma）。在這個假設情境中，兩名共犯被警察逮捕，他們的刑期取決於選擇坦白或保持緘默。

	囚犯1號坦白（並背叛囚犯2號）	囚犯1號未坦白
囚犯2號坦白 （並背叛囚犯1號）	兩個人都坦白 → 雙雙被判五年刑期	囚犯2號坦白 → 無罪釋放 囚犯1號未坦白 → 被判八年刑期
囚犯2號未坦白	囚犯1號坦白 → 無罪釋放 囚犯2號未坦白 → 被判八年刑期	兩個人都未坦白 → 雙雙被判六個月刑期

　　顯然，最佳情境是兩個人都不要坦白；不過，警察是在不同的偵訊室分別訊問囚犯1號與囚犯2號，所以兩個人都不知道另一個人將會怎麼做。

　　就囚犯1號的觀點而言，不管囚犯2號是否坦白，他坦白（並背叛囚犯2號）的處境比較好。因為如果囚犯2號也坦白（並背叛囚犯1號），那麼囚犯1號的刑期就會從八年減為五年。如果囚犯2號不坦白，坦白從寬（並背叛囚犯2號）的囚犯1號，就可以從半年刑期變成無罪釋放。

　　這個邏輯也適用於囚犯2號。這個模型預測，最後他們兩人終將背叛另一人，這稱為「納許均衡」（Nash equilibrium），以理論發明者經濟學家約翰・納許（John Nash）為名。

適用於什麼情況？

在現實世界，賽局理論可能被用於下列幾種情境的決策造模：

> 商業談判

> 博奕

> 企業策略

> 軍事戰術

有趣的事實

> 某些研究人員以真實囚犯來測試囚犯兩難理論，結果彼此背叛的囚犯占比不到五成，遠低於模型所預測的比例——好吧！或許是因為那些測試只是用咖啡和香菸來獎勵囚犯，而不是減刑。

> 賽局理論被用來為諸如古巴飛彈危機等核子僵局的結果造模——到目前為止，這個理論似乎行得通，因為我們還活得好好的，沒被核彈毀滅。

> 在電影《美麗境界》（*A Beautiful Mind*）中，約翰・納許在某個情境中悟出了賽局理論——某天，他和朋友都想和酒吧裡的一位女士說話，結果他發現：如果大家都去追求那位女士，最後一定沒人追得到，於是他們全都不理會那位女士，轉而和她的朋友聊天。

重點摘要

> 賽局理論是預測一般人在策略性情境下會做出什麼決策的方法之一。

> 這個理論觀察某一方在無法預測或控制另一方將有何行為的情況下將做出什麼決定，藉此為兩方的行為造模。

> 賽局理論可用於商業與軍事決策造模作業。

如果你把棋子拿起來仔細聽一下，或許可以聽到賽局理論的完整解釋。

——Napkin Finance ☺

---

1. **72 法則是：**
   a. 首要的投資規則之一，指如果你到 72 歲還沒有錢，就永遠不會成為有錢人。
   b. 判斷應將多少比重的資金投資到股票的首要原則之一。
   c. 根據某個給定的報酬率，估計你投入的資金要多久才會成長一倍。
   d. 一個怪咖朋友的交友原則。

2. **群眾募資是：**
   a. 一種向非常多人騙取小額資金的賺錢方式。
   b. 一種從網際網路獲取投資概念的方法。
   c. 在音樂會上竊取別人的錢包。
   d. 一種透過網際網路的力量，向一大群個人募集資金的方法。

3. **發起群眾募資活動的關鍵步驟，包括：**
   a. 選擇一個群眾募資網站，撰寫你的專案內容。
   b. 向聯準會申報。
   c. 穿上印滿美元符號的小丑服裝。
   d. 向發展得最好的高中死黨發出付款請求。

4. **群眾募資的類型可能包括：**
   a. 權益型 —— 投資人透過提供資金，取得一項創業投資的股權。
   b. 放款型 —— 投資人未來將連本帶息取回投入的資金。
   c. 回饋型 —— 投資人可以取得募資者開發的產品的初期版本。
   d. 以上皆是。

5. **下列敘述正確或錯誤？贊助群眾募資活動的最大利益之一是，你的投資通常能夠獲得存款保險公司的保障。**
   ○ 正確　　○ 錯誤

6. 民眾傾向參與慈善活動的主要理由包括：

　　a. 有機會賺大錢。
　　b. 所得稅寬減，以及因為參與這類活動而獲得的溫暖感受。
　　c. 考慮到萬一天堂真的存在 —— 畢竟做善事才能夠上天堂。
　　d. 因為他們不懂慈善的意義，最後後悔了。

7. 回饋社會的方法可能包括：

　　a. 給咖啡師小費。
　　b. 使用金屬吸管。
　　c. 妥善的自我照顧。
　　d. 影響力投資。

8. 下列敘述正確或錯誤？當你捐款給需要資金的個人群眾募資活動，通常不能將那些捐款列為所得扣除額。

　　○ 正確　　　○ 錯誤

9. 避險基金是：

　　a. 積極設法規避風險的共同基金。
　　b. 一種監理鬆散、收費通常很高的基金。
　　c. 電銷專員一直打電話要你投資的標的。
　　d. 詐稱自己是基金經理人，但實為低劣失業騙子向你推銷的投資商品。

10. 相較於人人都可以投資的共同基金，投資避險基金必須具備下列哪項條件？

　　a. 達到特定最低資產或所得門檻。
　　b. 先通過和投資知識有關的測驗。
　　c. 和基金經理人的連襟打高爾夫球。
　　d. 必須是耶魯大學骷髏會（Skull and Bones）的成員。

11. 下列敘述正確或錯誤？避險基金受到嚴格監理，從未發生過重大醜聞或騙局。

　　○　正確　　　○ 錯誤

12. 簡單來說,「看不見的手」是:

a. 你室友問誰喝掉他的啤酒時,你找的藉口。

b. 政府課稅的一種學術說法。

c. 用來主張資本主義優於共產主義的經濟理論之一。

d. 慣用語辭典中的一個下流用語。

13. 資本主義的決定性特質(與共產主義相反)是:

a. 社會上有更多類似卡戴珊家族的有錢人。

b. 舞會合法,而不是非法。

c. 中央管理式股票市場,而非分散式市場。

d. 民眾能夠自行決定要如何嘗試賺取生活費用,並自行決定要消費什麼事物,而非由政府決定。

14. 賽局理論是:

a. 預測策略性決策的經濟模型之一。

b. 加密貨幣投資人所使用的交易策略之一。

c. 遊戲論壇的當紅話題。

d. 巴菲特的選股方法。

15. 賽局理論可能用在:

a. 企業策略。

b. 軍事策略。

c. 把妹策略。

d. 以上皆是。

解答

1. c
2. d
3. a

4. d
5. f
6. b

7. d
8. t
9. b

10. a
11. f
12. c

13. d
14. a
15. d

結語

恭喜！你已經讀完這本書了，現在你是個「富翁」——財經入門知識的富裕。

　　但願你現在有足夠的信心，能夠應用你剛學到的某些技巧，像是查詢你的信用分數、查詢你的退休帳戶餘額，或是從這個月起，就把錢自動轉帳到緊急備用金的儲蓄帳戶。

　　不管你讀完本書後繼續努力賺到幾十億，或是最終仍黯然搬回家和父母同住，至少你現在已經有更多工具可應用到你的理財決策。

　　如果你對其他簡易理財概念還有興趣，可以上我們的網站看看：napkinfinance.com。

金錢的確買不到快樂，但是坐在賓利（Bentley）豪華房車大哭，絕對比在巴士上默默流淚幸福。——Napkin Finance ☺

謝辭

　　若不是許多人的愛與努力投入，本書不可能完成。感謝打從一開始就支持Napkin Finance 網站，為我們提供建議、提醒和想法的每個人。我們的社群給予我們的力量與熱情，讓本書得以付梓。這個社群仍持續推動一項能讓數百萬人變得更強大的運動。

　　首先，我要感謝Napkin Finance 整個團隊。其中，特別要感謝伊莉莎白・李瑞（Elizabeth Leary），拜她出色的文筆所賜，Napkin Finance 網站才得以成為一個有趣、富教育意義、引人入勝、內容精確的閱讀平台。才華洋溢的她，是我們的最佳團隊成員，即使是面臨沉重的壓力，她依舊能夠保持一貫的優雅態度；總之，她是我們的超級巨星。這個世界上很少人能夠像她一樣，把理財主題寫得既有趣又容易理解。伊莉莎白，有妳陪我一起為Napkin Finance 打拚，我永遠感激。另外，我也要感謝葛瑞格・佛里曼（Gregg Friedman）製作的視覺效果與餐巾圖像——感謝你的指導，也感謝你巧手為本書製作的一張張神奇精美圖像，我們真的很幸運。謝謝我們的祕密武器沃迪（Wirdy），他是製作動態插圖的高手，總是能以獨特又有趣的方式呈現各種主題。艾登・德蘭格（Eden Dranger）與亞歷詹卓・拜恩威爾納（Alejandro Bien-Willner），謝謝你們的喜劇才華，以及與眾不同的風格。

　　若沒有聯合人才經紀公司（United Talent Agency, UTA）拜爾德・李維爾（Byrd Leavell）的大力支持，本書永遠也不可能問世，他從頭到尾都認定Napkin Finance 網站應該出書。感謝英文出版商Dey Street 與哈潑柯林斯（HarperCollins）團隊的所有人——編輯馬修・達多納（Matthew Daddona）、茱莉・保洛斯基（Julie Paulauski）和肯德拉・紐頓（Kendra Newton）的能力令人讚嘆，感謝你們辛苦投入和堅持不懈的努力。

　　感謝哈佛商學院的教職員，以及我最愛的財務學教授米西爾・德賽（Mihir

Desai），他的課程啟發了我成立 Napkin Finance 網站的靈感。

最重要的是要感謝我的家人。感謝無條件愛我如初的父母：梅爾薩德與約翰・海伊。多年來，不管我有多少瘋狂的想法和夢想，他們都無條件支持我。有您們，是我這一生最幸運的事。感謝我超級善良又傑出的姊妹阿杜莎（Atoosa）、她的夫婿亞歷克斯（Alex）和三個可愛的外甥子女蘿倫（Lauren）、強納森（Jonathan）和茱莉亞・尼霍萊（Julia Nehorai），他們給了我數不清的靈感。另外，還要感謝我的兄弟大衛（David），我對他的愛與敬佩，遠遠超出他的想像。

參考書目

1. 理財入門

Anderson, Joel. "Survey Finds Most Common Reasons Americans Use Emergency Funds." *GO Banking Rates,* May 24, 2018. https://www.gobankingrates.com/saving-money/budgeting/how-americans-use-emergency-fund.

Armstrong, Martin A. "Part I of IV—A Brief History of World Credit & Interest Rates." Armstrong Economics. Accessed March 2, 2019. https://www.armstrongeconomics.com/research/a-brief-history-of-world-credit-interest-rates/3000-b-c-500-a-d-the-ancient-economy.

BankRate. "Credit Card Minimum Payment Calculator." Accessed March 2, 2019. https://www.bankrate.com/calculators/credit-cards/credit-card-minimum-payment.aspx.

Bawden-Davis, Julie. "10 Powerful Quotes from Warren Buffett That'll Change Your Perception About Money and Success." SuperMoney. Updated June 2, 2017. https://www.supermoney.com/2014/04/10-powerful-personal-finance-quotes-from-warren-buffett.

Bella, Rick. "Clackamas Bank Robber Demands $1, Waits for Police to Take Him to Jail." *Oregon Live.* Updated January 2019. Posted in 2014. https://www.oregonlive.com/clackamascounty/2013/08/clackamas_bank_robber_demands.html.

Board of Governors of the Federal Reserve System. "Consumer Credit-G.19." February 7, 2019. https://www.federalreserve.gov/releases/g19/current/#fn3a.

Board of Governors of the Federal Reserve System. "Report on the Economic Well-Being of U.S. Households in 2017." Published May 2018. https://www.federalreserve.gov/publications/files/2017-report-economic-well-being-us-households-201805.pdf.

Bureau of Labor Statistics. "Consumer Expenditure Surveys." Last modified September 11, 2018. https://www.bls.gov/cex/tables.htm#annual.

El Issa, Erin. "How to Combat Emotional Spending." *U.S. News & World Report,* February 28, 2017. https://money.usnews.com/money/blogs/my-money/articles/2017-02-28/how-to-combat-emotional-overspending.

Forbes. "Thoughts On the Business of Life." Accessed March 2, 2019. https://www.forbes.com/quotes/1274.

Freedman, Anne. "Top Five Uninsurable Risks." *Risk & Insurance,* September 2, 2014. https://riskandinsurance.com/top-five-uninsurable-risks.

Huddleston, Cameron. "58% of Americans Have Less Than $1,000 in Savings." *GO Banking Rates,* December 21, 2018. https://www.gobankingrates.com/saving-money/savings -advice/average-american-savings-account-balance.

Jellett, Deborah. "The 10 Strangest Things Ever Insured." *The Richest,* May 10, 2014. https:// www.therichest.com/rich-list/the-most-shocking-and-bizarre-things-ever-insured-2.

Jézégou, Frédérick. "If You Think Nobody Cares If You're Alive, Try Missing a Couple of Car Payments." *Dictionary of Quotes,* November 23, 2008. https://www.dictionary -quotes.com/if-you-think-nobody-cares-if-you-re-alive-try-missing-a-couple-of-car -payments-flip-wilson.

Marks, Gene. "This Bank Will Take Cheese as Collateral." *Washington Post,* April 17, 2017. https://www.washingtonpost.com/news/on-small-business/wp/2017/04/17/this-bank -will-take-cheese-as-collateral/?noredirect=on&utm_term=.928e4f2fdff7.

Merriman, Paul A. "The Genius of Warren Buffett in 23 Quotes." *MarketWatch,* August 19, 2015. https://www.marketwatch.com/story/the-genius-of-warren-buffett-in-23 -quotes-2015-08-19.

Mortgage Professor. "What Is Predatory Lending?" Updated July 18, 2007. https:// mtgprofessor.com/A%20-%20Predatory%20Lending/what_is_predatory_lending.htm.

Peterson, Bailey. "Credit Card Spending Studies (2018 Report): Why You Spend More When You Pay With a Credit Card." ValuePenguin. Accessed March 2, 2019. https://www .valuepenguin.com/credit-cards/credit-card-spending-studies.

Pierce, Tony. "$1 Bank Robbery Doesn't Pay Off for Man Who Said He Was Desperate for Healthcare." *Los Angeles Times,* June 21, 2011. https://latimesblogs.latimes.com /washington/2011/06/1-bank-robbery-doesnt-pay-off-for-healthcare-hopeful.html.

Randow, Jana and Kennedy, Simon. "Negative Interest Rates." *Bloomberg,* March 21, 2017. https://www.bloomberg.com/quicktake/negative-interest-rates.

Tsosie, Claire and El Issa, Erin. "2018 American Household Credit Card Debt Study." NerdWallet, December 10, 2018. https://www.nerdwallet.com/blog/average-credit-card -debt-household.

Tuttle, Brad. "Cheapskate Wisdom from . . . Benjamin Franklin." *Time,* September 23, 2009. http://business.time.com/2009/09/23/cheapskate-wisdom-from-benjamin-franklin-2.

2. 信用使用規劃

Carrns, Ann. "New Type of Credit Score Aims to Widen Pool of Borrowers." *New York Times,* October 26, 2018. https://www.nytimes.com/2018/10/26/your-money/new-credit -score-fico.html.

Credit Karma. "How Many Credit Scores Do I Have?" May 14, 2016. https://www.creditkarma
.com/advice/i/how-many-credit-scores-do-i-have.

CreditScoreDating.com. "CreditScoreDating.com: Where Good Credit is Sexy." Accessed
March 2, 2019. www.creditscoredating.com.

Dictionary.com. "Credit." Accessed March 2, 2019. https://www.dictionary.com/browse
/credit.

Eveleth, Rose. "Forty Years Ago, Women Had a Hard Time Getting Credit Cards."
Smithsonian.com, January 8, 2014. https://www.smithsonianmag.com/smart-news
/forty-years-ago-women-had-a-hard-time-getting-credit-cards-180949289.

Fair Isaac Corporation. "5 Factors that Determine a FICO® Score." September 23, 2016.
https://blog.myfico.com/5-factors-determine-fico-score.

Fair Isaac Corporation. "Average U.S. Fico Score Hits New High." September 24, 2018.
https://www.fico.com/blogs/risk-compliance/average-u-s-fico-score-hits-new-high.

Garfinkel, Simpson. "Separating Equifax from Fiction." *Wired,* September 1, 1995. https://
www.wired.com/1995/09/equifax.

Gonzalez-Garcia, Jamie. "Credit Card Ownership Statistics." CreditCards.com. Updated
April 26, 2018. https://www.creditcards.com/credit-card-news/ownership-statistics.php.

Guy-Birken, Emily. "8 Fun Facts About Credit Cards." WiseBread. May 24, 2018. https://www
.wisebread.com/8-fun-facts-about-credit-cards.

Herron, Janna. "How FICO Became 'The' Credit Score." *BankRate,* December 12, 2013.
https://finance.yahoo.com/news/fico-became-credit-score-100000037.html.

Rotter, Kimberly. "A History of the Three Credit Bureaus." CreditRepair.com. Accessed
March 2, 2019. https://www.creditrepair.com/blog/credit-score/credit-bureau-history.

United States Census Bureau. "U.S. and World Population Clock." Accessed March 3, 2019.
https://www.census.gov/popclock.

3. 買低賣高

Ajayi, Akin. "The Rise of the Robo-Advisers." Credit Suisse, July 15, 2015. https://www
.credit-suisse.com/corporate/en/articles/news-and-expertise/the-rise-of-the-robo
-advisers-201507.html.

Allocca, Sean. "Goldman Sachs Comes to Main Street with 'Broader' Wealth Offering."
Financial Planning, October 22, 2018. https://www.financial-planning.com/news
/goldman-sachs-marcus-robo-advisor-merge-wealth-management.

American Oil & Gas Historical Society. "Cities Service Company." Accessed March 2, 2019.
https://aoghs.org/stocks/cities-service-company.

Anderson, Nathan. "15 Weird Hedge Fund Strategies That Investors Should Know About." ClaritySpring. August 24, 2015. http://www.clarityspring.com/15-weird-hedge-fund-strategies.

Bakke, David. "The Top 17 Investing Quotes of All Time." Investopedia. Updated November 30, 2016. https://www.investopedia.com/financial-edge/0511/the-top-17-investing-quotes-of-all-time.aspx.

Collinson, Patrick. "The Truth About Investing: Women Do It Better than Men." *Guardian*, November 24, 2018. https://www.theguardian.com/money/2018/nov/24/the-truth-about-investing-women-do-it-better-than-men.

Damodaran, Aswath. "Annual Returns on Stock, T. Bonds and T. Bills: 1928-Current." NYU Stern School of Business. Updated January 5, 2019. http://pages.stern.nyu.edu/~adamodar/New_Home_Page/datafile/histretSP.html.

Deloitte. "The Expansion of Robo-Advisory in Wealth Management." August 2016. https://www2.deloitte.com/content/dam/Deloitte/de/Documents/financial-services/Deloitte-Robo-safe.pdf.

De Sousa, Agnieszka and Kumar, Nishant. "Citadel Hires Cumulus Energy Traders; Hedge Fund Shuts." *Bloomberg*, April 27, 2018. https://www.bloomberg.com/news/articles/2018-04-27/citadel-hires-cumulus-founder-and-fund-s-traders-in-energy-push.

Elkins, Kathleen. "Warren Buffett Is 88 Today—Here's What He Learned from Buying His First Stock at Age 11." CNBC, August 30, 2018. https://www.cnbc.com/2018/08/30/when-warren-buffett-bought-his-first-stock-and-what-he-learned.html.

Eule, Alex. "As Robo-Advisors Cross $200 Billion in Assets, Schwab Leads in Performance." *Barron's*, February 3, 2018. https://www.barrons.com/articles/as-robo-advisors-cross-200-billion-in-assets-schwab-leads-in-performance-1517509393.

Fidelity Investments. "Who's the Better Investor: Men or Women?" May 18, 2017. https://www.fidelity.com/about-fidelity/individual-investing/better-investor-men-or-women.

Hamilton, Walter. "Madoff's Returns Aroused Doubts." *Los Angeles Times*, December 13, 2008. http://articles.latimes.com/2008/dec/13/business/fi-madoff13.

Hiller, David, Draper, Paul, and Faff, Robert. "Do Precious Metals Shine? An Investment Perspective." CFA Institute, March/April 2006. https://www.cfapubs.org/doi/pdf/10.2469/faj.v62.n2.4085.

Loomis, Carol J. "The Inside Story of Warren Buffett." *Fortune*, April 11, 1988. http://fortune.com/1988/04/11/warren-buffett-inside-story.

Merriman, Paul A. "The Genius of John Bogle in 9 Quotes." *MarketWatch*, November

25, 2016. https://www.marketwatch.com/story/the-genius-of-john-bogle-in-9-quotes-2016-11-23.

Ross, Sean. "Has Real Estate or the Stock Market Performed Better Historically?" Investopedia. Updated February 5, 2019. https://www.investopedia.com/ask /answers/052015/which-has-performed-better-historically-stock-market-or-real-estate .asp.

Shoot, Brittany. "Banksy 'Girl with Balloon' Painting Worth Double After Self-Destructing at Auction." *Fortune,* October 8, 2018. http://fortune.com/2018/10/08/banksy-girl-with -balloon-self-destructed-video-art-worth-double.

Siegel, Rene Shimada. "What I Would—and Did—Say to New Grads." *Inc.,* June 19, 2013. https://www.inc.com/rene-siegel/what-i-would-and-did-say-to-new-grads.html.

Udland, Myles. "Buffett: Volatility Is Not the Same Thing as Risk, and Investors Who Think It Is Will Cost Themselves Money." *Business Insider,* April 6, 2015. https://www .businessinsider.com/warren-buffett-on-risk-and-volatility-2015-4.

Walsgard, Jonas Cho. "Betting on Death Is Turning Out Better Than Expected for Hedge Fund." *Bloomberg,* February 11, 2019. https://www.bloomberg.com/news /articles/2019-02-11/betting-on-death-is-turning-better-than-expected-for-hedge -fund.

4. 大學學費規劃

Bakke, David. "The Top 17 Investing Quotes of All Time." Investopedia. Updated November 30, 2016. https://www.investopedia.com/financial-edge/0511/the-top-17-investing -quotes-of-all-time.aspx.

Bloom, Ester. "4 Celebrities Who Didn't Pay off Their Student Loans Until Their 40s." CNBC, May 12, 2017. https://www.cnbc.com/2017/05/12/4-celebrities-who-didnt-pay-off -their-student-loans-until-their-40s.html.

The College Board. "Average Estimated Undergraduate Budgets 2018–19." Accessed March 2, 2019. https://trends.collegeboard.org/college-pricing/figures-tables/average -estimated-undergraduate-budgets-2018-19.

The College Board. "Average Rates of Growth of Published Charges by Decade." Accessed March 2, 2019. https://trends.collegeboard.org/college-pricing/figures-tables/average -rates-growth-published-charges-decade.

The College Board. "Trends in College Pricing 2017." Accessed March 2, 2019. https://trends .collegeboard.org/sites/default/files/2017-trends-in-college-pricing_0.pdf.

CollegeXpress. "60 of the Weirdest College Scholarships." Carnegie Dartlet. Updated May

2017. https://www.collegexpress.com/lists/list/60-of-the-weirdest-college
-scholarships/1000.

Federal Reserve Bank of St. Louis. "Student Loans Owned and Securitized, Outstanding."
Updated February 7, 2019. https://fred.stlouisfed.org/series/SLOAS.

Iuliano, Jason. "An Empirical Assessment of Student Loan Discharges and the Undue
Hardship Standard." *86 American Bankruptcy Law Journal 495* (2012). Available at SSRN:
https://papers.ssrn.com/sol3/papers.cfm?abstract_id=1894445.

Martis, Lily. "Best Entry-Level Jobs for College Grads." Monster. Accessed March 2, 2019.
https://www.monster.com/career-advice/article/best-entry-level-jobs.

Safier, Rebecca. "Survey: Majority of Student Loan Borrowers Don't Know How Interest or
Forgiveness Works." Student Loan Hero. Updated May 15, 2018. https://studentloanhero
.com/featured/survey-majority-student-loan-borrowers-know-interest-forgiveness
-works.

Sallie Mae. "How America Pays for College 2018." Accessed March 2, 2019. https://www
.salliemae.com/assets/research/HAP/HAP18_Infographic.pdf.

Sunstein, Cass R. "Making Government Logical." *New York Times,* September 19, 2015.
https://www.nytimes.com/2015/09/20/opinion/sunday/cass-sunstein-making
-government-logicalhtml.html.

T. Rowe Price. "Parents of Only Boys Place Greater Priority on College Than Parents of Only
Girls." September 21, 2017. https://www.prnewswire.com/news-releases/t-rowe
-price-parents-of-only-boys-place-greater-priority-on-college-than-parents-of-only
-girls-300523653.html.

U.S. Army. "Using the GI Bill." Updated November 6, 2018. https://www.goarmy.com
/benefits/education-benefits/using-the-gi-bill.html.

U.S. Department of Education. "Avoid Scams While Searching for Scholarships, Filling Out
the FAFSA® Form, Repaying Your Student Loans, or Giving Personal Information to
Schools and Lenders." Accessed March 2, 2019. https://studentaid.ed.gov/sa/types
/scams#dont-pay-for-fafsa.

U.S. Department of Education. "iLibrary—Federal School Code List." Accessed March 2, 2019.
https://ifap.ed.gov/ifap/fedSchoolCodeList.jsp.

U.S. Department of Education. "Types of Aid." Accessed March 2, 2019. https://studentaid
.ed.gov/sa/types.

U.S. Inflation Calculator. "Historical Inflation Rates: 1914–2019." Coinnews Media Group LLC.
Updated February 13, 2019. https://www.usinflationcalculator.com/inflation
/historical-inflation-rates.

The Vanguard Group. "What's the Average Cost of College?" The Vanguard Group. Accessed March 2, 2019. https://investor.vanguard.com/college-savings-plans/average-cost-of -college.

The World Bank Group. "GDP (current US$)." Accessed March 2, 2019. https://data .worldbank.org/indicator/NY.GDP.MKTP.CD?year_high_desc=true.

5. 退休規劃

"A Growing Cult of Millennials Is Obsessed With Early Retirement. This 72-Year-Old is their Unlikely Inspiration." *Money,* April 17, 2018. http://money.com/money/5241566/vicki -robin-financial-independence-retire-early.

Anderson, Robert. "Retirement No Longer Compulsory for Emiratis after 25 Years of Service." *Gulf Business,* June 6, 2018. https://gulfbusiness.com/retirement-no-longer-compulsory -for-emiratis-after-25-years.

Aperion Care. "Retirement Age Around the Globe." Accessed March 2, 2019. https:// aperioncare.com/blog/retirement-age-around-world.

Berger, Rob. "Top 100 Money Quotes of All Time." *Forbes,* April 30, 2014. https://www.forbes .com/sites/robertberger/2014/04/30/top-100-money-quotes-of-all-time /#7ae183444998.

"Do the Dutch Have the Pension Problem Solved?" *PBS NewsHour,* November 10, 2013. https://www.pbs.org/newshour/show/do-the-dutch-have-the-pension-problem-solved.

Fidelity Investments. "Fidelity Q3 Retirement Analysis: Account Balances Hit Record Highs 10 Years Following Financial Crisis." November 5, 2018. https://www.fidelity.com/bin -public/060_www_fidelity_com/documents/press-release/fidelity-q3-2018-account -balances-hit-record-highs.pdf.

Hylton, J. Gordon. "The Devil's Disciple and the Learned Profession: Ambrose Bierce and the Practice of Law in Gilded Age America." Marquette University Law School. January 1, 1991. https://scholarship.law.marquette.edu/cgi/viewcontent.cgi?referer=https://www.google .com/&httpsredir=1&article=1474&context=facpub.

Mauldin, John. "Someone Is Spending Your Pension Money." *Forbes,* October 26, 2015. https://www.forbes.com/sites/johnmauldin/2015/10/26/someone-is-spending-your -pension-money/#36069e677fd0.

Morgan, Richard. "Jimi Hendrix's Family Can't Stop Suing Each Other." *New York Post,* March 24, 2017. https://nypost.com/2017/03/24/jimi-hendrixs-family-cant-stop-suing -each-other-over-estate.

Social Security Administration. "What Prisoners Need to Know." Accessed March 2, 2019. https://www.ssa.gov/pubs/EN-05-10133.pdf.

6. 上沖下洗

Amadeo, Kimberly. "Wall Street: How It Works, Its History, and Its Crashes." The Balance. Updated January 21, 2019. https://www.thebalance.com/wall-street-how-it-works -history-and-crashes-3306252.

Bowden, Ebony. "History's Biggest 'Fat-Finger' Trading Errors." *The New Daily,* October 2, 2014. https://thenewdaily.com.au/money/finance-news/2014/10/02/historys-biggest -fat-finger-trading-errors.

Chen, James. "Bowie Bond." Investopedia. Updated March 7, 2018. https://www .investopedia.com/terms/b/bowie-bond.asp.

Clark, Andrew. "The Man Who Blew the Whistle on Bernard Madoff." *Guardian,* March 24, 2010. https://www.theguardian.com/business/2010/mar/24/bernard-madoff -whistleblower-harry-markopolos.

Cohn, Laura. "Boost Your IQ with a Good Book." *Kiplinger's Personal Finance,* November 2009.

Crestmont Research. "Returns over 20-Year Periods Vary Significantly; Affected by the Starting P/E Ratio." Accessed March 2, 2019. https://www.crestmontresearch.com /docs/Stock-20-Yr-Returns.pdf.

"Dow Jones Industrial Average All-Time Largest One Day Gains and Losses." *Wall Street Journal.* Accessed March 2, 2019. http://www.wsj.com/mdc/public/page/2_3024 -djia_alltime.html.

Encyclopædia Britannica. "Wall Street." Accessed March 2, 2019. https://www.britannica .com/topic/Wall-Street-New-York-City.

Epstein, Gene. "Prepare for Lower Stock Returns." *Barron's.* Updated January 23, 2018. https://www.barrons.com/articles/prepare-for-lower-stock-returns-1516666766.

Faulkenberry, Ken. "Value Investing Quotes, Sayings, & Proverbs: Wisest Men Compilation." Arbor Investment Planner. Accessed March 2, 2019. http://www.arborinvestment planner.com/wisest-value-investing-quotes-sayings-money-proverbs.

First Trust Portfolios L.P. "History of U.S. Bear & Bull Markets Since 1926." Accessed March 2, 2019. https://www.ftportfolios.com/Common/ContentFileLoader .aspx?ContentGUID=4ecfa978-d0bb-4924-92c8-628ff9bfe12d.

Investment Company Institute. "ETF Assets and Net Issuance January 2019." February 27, 2019. https://www.ici.org/research/stats/etf/etfs_01_19.

Kirchheimer, Sid. "10 Fun Facts About Money." AARP. Accessed March 2, 2019. https://www
.aarp.org/money/investing/info-03-2012/money-facts.html.

Landis, David. "ETFs That Miss the Mark." *Kiplinger,* July 31, 2007. https://www.kiplinger
.com/article/investing/T022-C000-S002-etfs-that-miss-the-mark.html.

Mahmudova, Anora. "Investors Can Bet on Whether People Will Get Fit, Fat, or Old with
These ETFs." *MarketWatch,* June 18, 2016. https://www.marketwatch.com/story/new
-obesity-and-fitness-etfs-follow-demographic-trends-2016-06-09.

MFS. "Over 90 and Still Active." Accessed March 2, 2019. https://www.mfs.com/who-we
-are/our-history.html.

Phung, Albert. "Why Do Companies Issue 100-Year Bonds?" Investopedia. Updated July 2,
2018. https://www.investopedia.com/ask/answers/06/100yearbond.asp.

"The World's Largest Hedge Fund Is a Fraud." Securities Exchange Commission, submission
on November 7, 2005. https://www.sec.gov/news/studies/2009/oig-509/exhibit-0293
.pdf.

Waxman, Olivia B. "How a Financial Panic Helped Launch the New York Stock Exchange."
Time, May 17, 2017. http://time.com/4777959/buttonwood-agreement-stock-exchange.

World Gold Council. "FAQs." Accessed March 2, 2019. http://www.spdrgoldshares.com
/usa/faqs.

World Gold Council. "Gold Bar List and Inspectorate Certificates." Accessed March 2, 2019.
http://www.spdrgoldshares.com/usa/gold-bar-list.

Yahoo! Finance. "Amazon.com, Inc. (AMZN)." Accessed March 1, 2019. https://finance
.yahoo.com/quote/AMZN/key-statistics?p=AMZN.

7. 稅務簡單說

Beck, Emma. "Cutting That Bagel Will Cost You: Weird State Tax Laws." *USA Today,* March 31,
2013. https://www.usatoday.com/story/money/personalfinance/2013/03/31/odd-state
-tax-laws/1951911.

Dodds, Colin. "Dr. Dre: Most Influential Quotes." Investopedia. Accessed March 2, 2019.
https://www.investopedia.com/university/dr-dre-biography/dr-dre-most-influential
-quotes.asp.

eFile.com. "Unusual but Legitimate Tax Breaks." Accessed March 2, 2019. https://www.efile
.com/legitimate-tax-breaks-and-unusual-extraordinary-qualified-tax-deductions-and
-tax-exemptions.

Internal Revenue Service. "Tax Quotes." Page last reviewed or updated August 21, 2018.
https://www.irs.gov/newsroom/tax-quotes.

Intuit. "10 Strange but Legitimate Federal Tax Deductions." Intuit Turbotax, updated for Tax Year 2017. Accessed March 2, 2019. https://turbotax.intuit.com/tax-tips/tax-deductions-and-credits/10-strange-but-legitimate-federal-tax-deductions/L6A6QzGiV.

Intuit. "11 Strange State Tax Laws." Intuit Turbotax, updated for Tax Year 2018. Accessed March 2, 2019. https://turbotax.intuit.com/tax-tips/fun-facts/12-strange-state-tax-laws/L4qENY2nZ.

James, Geoffrey. "130 Inspirational Quotes About Taxes." *Inc.,* April 13, 2015. https://www.inc.com/geoffrey-james/130-inspirational-quotes-about-taxes.html.

Leary, Elizabeth. "Special-Needs Families May Get Squeezed by Tax Reform." CNBC, November 9, 2017. https://www.cnbc.com/2017/11/09/special-needs-families-may-get-squeezed-by-tax-reform.html.

Sifferlin, Alexandra. "Tax Day Hazard: Fatal Crashes Increase on April 15." *Time,* April 11, 2012. http://healthland.time.com/2012/04/11/tax-day-hazard-fatal-crashes-increase-on-deadline-day.

Tax Policy Center. "How Could We Improve the Federal Tax System?" Accessed March 2, 2019. https://www.taxpolicycenter.org/briefing-book/what-other-countries-use-return-free-tax-filing.

Welsh, Monica. "Student Loan Interest Deduction." H&R Block, February 20, 2018. https://www.hrblock.com/tax-center/filing/adjustments-and-deductions/student-loan-deduction.

Wood, Robert W. "Defining Employees and Independent Contractors." *Business Law Today* Volume 17, Number 5, American Bar Association, May/June 2008. https://apps.americanbar.org/buslaw/blt/2008-05-06/wood.shtml.

8. 創業大計

Del Rey, Jason. "The Rise of Giant Consumer Startups That Said No to Investor Money." *Recode,* August 29, 2018. https://www.recode.net/2018/8/29/17774878/consumer-startups-business-model-native-mvmt-tuft-needle.

Desjardins, Jeff. "These 5 Companies All Started in a Garage, and Are Now Worth Billions of Dollars Apiece." *Business Insider,* June 29, 2016. https://www.businessinsider.com/billion-dollar-companies-started-in-garage-2016-6.

Economy, Peter. "17 Powerfully Inspiring Quotes from Southwest Airlines Founder Herb Kelleher." *Inc.,* January 4, 2019. https://www.inc.com/peter-economy/17-powerfully-inspiring-quotes-from-southwest-airlines-founder-herb-kelleher.html.

Farr, Christina. "Inside Silicon Valley's Culture of Spin." *Fast Company,* May 16, 2016. https://www.fastcompany.com/3059761/inside-silicon-valleys-culture-of-spin.

Gaskins, Tony A., Jr. *The Dream Chaser: If You Don't Build Your Dream, Someone Will Hire You to Build Theirs.* New Jersey: Wiley, 2016.

Guinness Book of World Records. "Most Patents Credited as Inventor." Accessed March 2, 2019. http://www.guinnessworldrecords.com/world-records/most-patents-held-by-a-person.

Hendricks, Drew. "6 $25 Billion Companies That Started in a Garage." *Inc.,* July 24, 2014. https://www.inc.com/drew-hendricks/6-25-billion-companies-that-started-in-a-garage.html.

Huet, Ellen. "Silicon Valley's $400 Juicer May Be Feeling the Squeeze." *Bloomberg,* April 19, 2017. https://www.bloomberg.com/news/features/2017-04-19/silicon-valley-s-400-juicer-may-be-feeling-the-squeeze.

Walker, Tim. "The Big Ideas That Started on a Napkin—From Reaganomics to Shark Week." *Guardian,* April 10, 2017. https://www.theguardian.com/us-news/shortcuts/2017/apr/10/napkin-ideas-mri-reaganomics-shark-week.

Zipkin, Nina. "20 Facts About the World's Billion-Dollar Startups." *Entrepreneur,* January 27, 2017. https://www.entrepreneur.com/article/288420.

9. 巫毒經濟學

"The Big Mac Index." *The Economist,* January 10, 2019. https://www.economist.com/news/2019/01/10/the-big-mac-index.

Corcoran, Kieran. "California's Economy Is Now the 5th-Biggest in the World, and Has Overtaken the United Kingdom." *Business Insider,* May 5, 2018. https://www.businessinsider.com/california-economy-ranks-5th-in-the-world-beating-the-uk-2018-5.

Davis, Marc. "How September 11 Affected the U.S. Stock Market." Investopedia, September 11, 2017. https://www.investopedia.com/financial-edge/0911/how-september-11-affected-the-u.s.-stock-market.aspx.

Kaifosh, Fred. "Why the Consumer Price Index Is Controversial." Investopedia. Updated October 12, 2018. https://www.investopedia.com/articles/07/consumerpriceindex.asp.

Lazette, Michelle Park. "The Crisis, the Fallout, the Change: The Great Recession in Retrospect." Federal Reserve Bank of Cleveland, December 18, 2017. https://www.clevelandfed.org/newsroom-and-events/multimedia-storytelling/recession-retrospective.aspx.

National Association of Theatre Owners. "Annual Average U.S. Ticket Price." Accessed March 2, 2019. http://www.natoonline.org/data/ticket-price.

National Bureau of Economic Research. "US Business Cycle Expansions and Contractions." Accessed March 2, 2019. https://www.nber.org/cycles.html.

Taylor, Andrea Browne. "How Much Did Things Cost in the 1980s?" *Kiplinger,* April 25, 2018. https://www.kiplinger.com/slideshow/spending/T050-S001-how-much-did-things-cost-in-the-1980s/index.html.

Wheelock, David C. "The Great Depression: An Overview." The Federal Reserve Bank of St. Louis. Accessed March 2, 2019. https://www.stlouisfed.org/~/media/files/pdfs/great-depression/the-great-depression-wheelock-overview.pdf.

Wolla, Scott A. "What's in Your Market Basket? Why Your Inflation Rate Might Differ from the Average." Federal Reserve Bank of St. Louis, October 2015. https://research.stlouisfed.org/publications/page1-econ/2015/10/01/whats-in-your-market-basket-why-your-inflation-rate-might-differ-from-the-average.

The World Bank. "Gross Domestic Product." January 25, 2019. https://databank.worldbank.org/data/download/GDP.pdf.

10. 財務報表入門

Freifeld, Karen. "Kozlowski's $6,000 Shower Curtain to Find New Home." *Reuters,* June 14, 2012. https://www.reuters.com/article/us-tyco-curtain-idUSBRE85D1M620120614.

Kenton, Will. "What Is Worldcom?" Investopedia. Updated February 7, 2019. https://www.investopedia.com/terms/w/worldcom.asp.

Krugman, Paul. "Sam, Janet, and Fiscal Policy." *New York Times,* October 25, 2017. https://krugman.blogs.nytimes.com/2010/10/25/sam-janet-and-fiscal-policy.

Sage, Alexandria and Rai, Sonam. "Tesla CFO Leaves as Automaker Promises Profits and Cheaper Cars." *Reuters,* January 30, 2019. http://fortune.com/2017/02/27/oscars-2017-pricewaterhousecoopers-la-la-land.

Shen, Lucinda. "Why PwC Was Involved in the 2017 Oscars Best Picture Mix-Up." *Fortune,* February 27, 2017. http://fortune.com/2017/02/27/oscars-2017-pricewaterhousecoopers-la-la-land.

The Phrase Finder. "The Meaning and Origin of the Expression: Cooking the Books." Accessed March 2, 2019. https://www.phrases.org.uk/meanings/cook-the-books.html.

Thomas, C. William. "The Rise and Fall of Enron." *Journal of Accountancy,* April 1, 2002. https://www.journalofaccountancy.com/issues/2002/apr/theriseandfallofenron.html.

Yahoo! Finance. "Tesla, Inc. (TSLA)." Accessed March 1, 2019. https://finance.yahoo.com /quote/TSLA/key-statistics?p=TSLA&.tsrc=fin-tre-srch.

11. 貨幣的未來

"7 Major Companies That Accept Cryptocurrency." Due.com, January 31, 2018. https://www .nasdaq.com/article/7-major-companies-that-accept-cryptocurrency-cm913745.

Blinder, Marc. "Making Cryptocurrency More Environmentally Sustainable." *Harvard Business Review,* November 27, 2018. https://hbr.org/2018/11/making-cryptocurrency-more -environmentally-sustainable.

Browne, Ryan. "Burger King Has Launched Its Own Cryptocurrency in Russia Called 'WhopperCoin.'" CNBC, August 28, 2017. https://www.cnbc.com/2017/08/28/burger -king-russia-cryptocurrency-whoppercoin.html.

Burchardi, Kaj and Harle, Nicolas. "The Blockchain Will Disrupt the Music Business and Beyond." *Wired,* January 20, 2018. https://www.wired.co.uk/article/blockchain-disrupting -music-mycelia.

CoinMarketCap. "All Cryptocurrencies." Accessed March 2, 2019. https://coinmarketcap.com /all/views/all.

Crane, Joy. "How Bitcoin Got Here: A (Mostly) Complete Timeline of Bitcoin's Highs and Lows." *New York,* December 28, 2017. http://nymag.com/intelligencer/2017/12/bitcoin -timeline-bitcoins-record-highs-lows-and-history.html.

Cummins, Eleanor. "Cryptocurrency Millionaires Are Pushing Up Prices on Some Art and Collectibles." *Popular Science,* March 6, 2018. https://www.popsci.com/crypto-bitcoin -millionaires-collectibles.

Cuthbertson, Anthony. "Man Accidentally Threw Bitcoin Worth $108 Million in the Trash, Says There's 'No Point Crying About It.'" *Newsweek,* November 30, 2017. https://www .newsweek.com/man-accidentally-threw-bitcoin-worth-108m-trash-says-theres-no -point-crying-726807.

Higgins, Stan. "The ICO Boxing Champ Floyd Mayweather Promoted Has Raised $30 Million Already." CoinDesk. Updated August 4, 2017. https://www.coindesk.com/ico-boxing -champ-floyd-mayweather-promoted-raised-30-million-already.

Hinchcliffe, Emma. "10,000 Bitcoin Bought 2 Pizzas in 2010—And Now It'd Be Worth $20 Million." *Mashable,* May 23, 2017. https://mashable.com/2017/05/23/bitcoin-pizza-day -20-million/#bMB2eoJdBmqs.

Marr, Bernard. "23 Fascinating Bitcoin and Blockchain Quotes Everyone Should Read." *Forbes,* August 15, 2018. https://www.forbes.com/sites/bernardmarr/2018/08/15/23 -fascinating-bitcoin-and-blockchain-quotes-everyone-should-read/#1e703a447e8a.

Marvin, Rob. "23 Weird, Gimmicky, Straight-Up Silly Cryptocurrencies." *PC Review,* February 6, 2018. https://www.pcmag.com/feature/358046/23-weird-gimmicky-straight-up-silly -cryptocurrencies.

Montag, Ali. "Why Cameron Winklevoss Drives an 'Old SUV' Even Though the Twins Are Bitcoin Billionaires." CNBC, January 12, 2018. https://www.cnbc.com/2018/01/12 /winklevoss-twins-are-bitcoin-billionaires-yet-one-drives-an-old-suv.html.

Nova, Annie. "Just 8% of Americans Are Invested in Cryptocurrencies, Survey Says." CNBC, March 16, 2018. https://www.cnbc.com/2018/03/16/why-just-8-percent-of-americans -are-invested-in-cryptocurrencies-.html.

Perlberg, Steven. "Bernanke: Bitcoin 'May Hold Long-Term Promise.'" *Business Insider,* November 18, 2013. https://www.businessinsider.com/ben-bernanke-on -bitcoin-2013-11.

Varshney, Neer. "Someone Paid $170,000 for the Most Expensive CryptoKitty Ever." The Next Web, September 5, 2018. https://thenextweb.com/hardfork/2018/09/05/most -expensive-cryptokitty.

Wizner, Ben. "Edward Snowden Explains Blockchain to His Lawyer—And the Rest of Us." ACLU, November 20, 2018. https://www.aclu.org/blog/privacy-technology/internet -privacy/edward-snowden-explains-blockchain-his-lawyer-and-rest-us.

12. 讓朋友刮目相看的話題

All Financial Matters. "The Rule of 72, 114, and 144." May 14, 2007. http://allfinancialmatters .com/2007/05/14/the-rule-of-72–114-and-144.

Buchanan, Mark. "Wealth Happens." *Harvard Business Review,* April 2002. https://hbr .org/2002/04/wealth-happens.

Buhr, Sarah. "10 Ridiculous Kickstarter Campaigns People Actually Supported." *TechCrunch.* Accessed March 2, 2019. https://techcrunch.com/gallery/10-ridiculous-kickstarter -campaigns-people-actually-supported.

Dieker, Nicole. "Billfold Book Review: Katrine Marcal's 'Who Cooked Adam Smith's Dinner?'" *The Billfold,* June 6, 2016. https://www.thebillfold.com/2016/06/billfold-book-review -katrine-marcals-who-cooked-adam-smiths-dinner.

Godoy, Maria. "Ramen Noodles Are Now the Prison Currency of Choice." NPR, August 26, 2016. https://www.npr.org/sections/thesalt/2016/08/26/491236253/ramen-noodles -are-now-the-prison-currency-of-choice.

Gorlick, Adam. "Oprah Winfrey Addresses Stanford Class of 2008." *Stanford News,* June 15, 2008. https://news.stanford.edu/news/2008/june18/com-061808.html.

Haskin, Brian. "Brad Balter on the Confluence of Hedge Funds and Liquid Alts." Daily Alts, May 28, 2014. https://dailyalts.com/brad-balter-confluence-hedge-funds-liquid-alts.

Hellemann, John. "His American Dream." *New York,* October 24, 2007. http://nymag.com/nymag/features/25015/.

Kelly, Kate. "Defying the Odds, Hedge Funds Bet Billions on Movies." *Wall Street Journal.* Updated April 29, 2006. https://www.wsj.com/articles/SB114627404745739525.

Lowrey, Annie. "Who Cooked Adam Smith's Dinner?" *New York Times,* June 10, 2016. https://www.nytimes.com/2016/06/12/books/review/who-cooked-adam-smiths-dinner-by-katrine-marcal.html.

McGinty, Jo Craven. "The Genius Behind Accounting Shortcut? It Wasn't Einstein." *Wall Street Journal,* June 16, 2017. https://www.wsj.com/articles/the-genius-behind-accounting-shortcut-it-wasnt-einstein-1497618000.

Mesch, Debra. "The Gender Gap in Charitable Giving." *Wall Street Journal.* Updated February 1, 2016. https://www.wsj.com/articles/the-gender-gap-in-charitable-giving-1454295689.

Nisen, Max. "They Finally Tested the 'Prisoner's Dilemma' on Actual Prisoners—And the Results Were Not What You Would Expect." *Business Insider,* July 21, 2013. https://www.businessinsider.com/prisoners-dilemma-in-real-life-2013-7.

Oey, Patty. "Fund Fee Study: Investors Saved More Than $4 Billion in 2017." Morningstar, May 11, 2018. https://www.morningstar.com/blog/2018/05/11/fund-fee-study.html.

Pesce, Nicole Lyn. "Why Women Are More Likely to Get Funded on Kickstarter." *MarketWatch,* May 12, 2018. https://www.marketwatch.com/story/why-women-are-more-likely-to-get-funded-on-kickstarter-2018-05-12.

Segal, Troy. "How to Invest in Movies." Investopedia. Updated February 19, 2018. https://www.investopedia.com/financial-edge/0512/how-to-invest-in-movies.aspx.

Thompson, Nicholas. "How Cold War Game Theory Can Resolve the Shutdown." *The New Yorker,* October 7, 2013. https://www.newyorker.com/news/news-desk/how-cold-war-game-theory-can-resolve-the-shutdown.

Winton. "Shining a Light on Currency Black Markets." December 13, 2018. https://www.winton.com/longer-view/currency-black-market-exchange-rates.

Wolfson, Alisa. "Why Women Give So Much More to Charity than Men." MarketWatch, October 26, 2018. https://www.marketwatch.com/story/why-women-give-so-much-more-to-charity-than-men-2018-10-26.

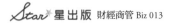 星出版 財經商管 Biz 013

餐巾紙財務課
Napkin Finance
Build Your Wealth in 30 Seconds or Less

作者 —— 蒂娜・海伊 Tina Hay
譯者 —— 陳儀

總編輯 —— 邱慧菁
特約編輯 —— 吳依亭
校對 —— 李蓓蓓
封面完稿 —— 陳俐君
內頁餐巾紙編排 —— 劉亭瑋
內頁本文排版 —— 立全電腦印前排版有限公司

讀書共和國出版集團社長 —— 郭重興
發行人兼出版總監 —— 曾大福
出版 —— 星出版／遠足文化事業股份有限公司
發行 —— 遠足文化事業股份有限公司
　　　　231 新北市新店區民權路 108 之 4 號 8 樓
　　　　電話：886-2-2218-1417
　　　　傳真：886-2-8667-1065
　　　　email: service@bookrep.com.tw
　　　　郵撥帳號：19504465 遠足文化事業股份有限公司
　　　　客服專線 0800221029
法律顧問 —— 華洋國際專利商標事務所 蘇文生律師
製版廠 —— 中原造像股份有限公司
印刷廠 —— 中原造像股份有限公司
裝訂廠 —— 中原造像股份有限公司
登記證 —— 局版台業字第 2517 號

出版日期 —— 2021 年 02 月 09 日第一版第一次印行
定價 —— 新台幣 480 元
書號 —— 2BBZ0013
ISBN —— 978-986-98842-9-7

著作權所有　侵害必究

星出版讀者服務信箱 —— starpublishing@bookrep.com.tw
讀書共和國網路書店 —— www.bookrep.com.tw
讀書共和國客服信箱 —— service@bookrep.com.tw
歡迎團體訂購，另有優惠，請洽業務部：886-2-22181417 ext. 1132 或 1520

本書如有缺頁、破損、裝訂錯誤，請寄回更換。
本書僅代表作者言論，不代表星出版／讀書共和國出版集團立場與意見，文責由作者自行承擔。

國家圖書館出版品預行編目（CIP）資料

餐巾紙財務課／蒂娜・海伊 Tina Hay 著；陳儀 譯.
第一版 .– 新北市：星出版，遠足文化發行，2021.02
324 面；19x19 公分 . --（財經商管；Biz 013）.
譯自：Napkin Finance: Build Your Wealth in 30 Seconds or Less

ISBN 978-986-98842-9-7（平裝）

1. 個人理財　　2. 投資

563　　　　　　　　　　　　　　110000594

新觀點
新思維
新眼界